John Lennon, „GOD"

**God is a concept
by which we measure
our pain**

Lennon, 1972

Paul C. Jaeger

Du glaubst noch an Gott?

Weißt du nicht ...

Bibliografische Information der Deutschen Nationalbibliothek:
Die Deutsche Nationalbibliothek verzeichnet diese Publikation
in der Deutschen Nationalbibliografie; detaillierte bibliografische Daten sind im Internet über http://dnb.dnb.de abrufbar

Text –Paul C. Jaeger

1. Auflage
© 2022 Paul C. Jaeger

Herstellung und Verlag: BoD – Books on Demand, Norderstedt

ISBN: 9783755767169

Inhaltsverzeichnis

Für die „heiligen Drei":

Jörg Westhoff
Mike Piskorz
Wilhelm Mellmann

Einleitung

Glaubst du immer noch an Gott? Möglicherweise hast du deine Gründe:

- es reicht dir völlig zu „glauben" und du lehnst es rundweg ab, irgendetwas zu hinterfragen

- du vertraust der Bibel in ihren Kernaussagen über einen allmächtigen Schöpfergott. Du kannst dir die Entstehung des Menschen und der Welt nicht genau erklären und meinst, da müsse jemand zumindest den Anstoß gegeben haben und die Wissenschaft hinke hoffnungslos hinterher, sie könne nicht bis vor den Urknall blicken und wir würden nie alle Rätsel der Natur lösen können

- du bist schlichtweg so erzogen worden und folgst blind alten Gewohnheiten

- du siehst ohne Gott und Jenseits keinen Sinn im Leben

- du fürchtest den Tod und willst gerne den Versprechungen des Christentums nach „ewig" leben, dazu besäßest du eine Seele, meinst du

- du hältst die sogenannten „Nahtoderfahrungen" für Beweise, dass es ein Jenseits gibt

- du meinst, das Christentum sei notwendig, weil sonst der Gesellschaft die nötigen Werte fehlen

- du meinst, dass fast alle Menschen an irgendetwas, an irgendwelche Gottheiten glauben, also müsse da was dran sein

- du glaubst „Gott" sei halt Gott ... ewig, unwandelbar, er sei immer da gewesen, werde immer da sein, er sei mithin das einzige, woran man sich festhalten könne

- du glaubst an „Jesus, den Erlöser

- du vertraust darauf, dass die Bibel insgesamt Recht habe und dass sie von konkreten Dingen, Arche, Gral usw., berichte, die zum Teil, wie die Bundeslade, sogar heilig und zaubermächtig seien, die jedenfalls durch ihre Existenz die Korrektheit der Bibel beweisen würden

Dem halte ich entgegen: Weißt du nicht, dass Archäologen, Historiker und moderne Theologen die Bibel als weitgehend erfunden einstufen? Und dass auch die Erkenntnisse der Biologie, Physik, Medizin und Psychologie einer Existenz Gottes widersprechen?

In meiner Jugend hatte ich selber noch inbrünstig geglaubt, unter heftigsten Schuldgefühlen gelitten und den Rosenkranz in die verhasste Schule mitgenommen - ich war einem Hirngespinst aufgesessen, einem „Gotteswahn"[1].

Ich hatte lange Zeit grausige Ängste vor dem Tod und der Hölle auszustehen und davor, möglicherweise doch einem Gott gegenübertreten zu müssen, an den ich nach der Pubertät eigentlich nicht mehr geglaubt hatte.

Jahrzehnte später schaue ich mich um und plötzlich hat man genug „Argumente kontra Religion"[2], der Glaube ist „entzaubert"[3] und man ist endlich „Gottlos glücklich".[4]

In diesem Essay versuche ich meine Argumentation, warum es schlichtweg keinen Gott geben kann, in erster Linie für mich selber so klar, systematisch und einfach wie möglich darzustellen, damit ich und jeder dahin kommen kann, weder Gott noch Teufel oder Höllenfeuer zu fürchten.

Ich betone: Dies ist keine wissenschaftliche Arbeit, sondern der Versuch, mein Wissen und meine Gedanken für mich selber optimal zu ordnen und meine Gefühle angemessen wiederzugeben! Teilweise beziehe ich mich dabei auf mein erstes Buch zum Thema „500000 gottlose Jahre".

Die folgenden Kapitel arbeiten systematisch die Spiegelstriche von Seite 7 ab.

Viel Spaß!

. . . .

1 Der Gotteswahn, Richard Dawkins, 2016, Ullstein
2 Argumente kontra Religion - Werkzeugkasten für Religionskritik, TB, Gottfried Beyvers, 2018
3 Der entzauberte Glaube: Eine Kritik am theistischen Weltbild aus naturwissenschaftlicher, philosophischer und theologischer Sicht, TB, Peter Kamleiter, 2016
4 Gottlos glücklich: Warum wir ohne Religion besser dran wären, broschiert, Philipp Möller 2017

1

Ockhams Rasiermesser
oder
der gesunde Menschenverstand

Wie komme ich eigentlich zu meinen Ansichten, wie urteile ich? Was halte ich für plausibel? Was weiß ich? Was muss ich nicht glauben?

Das Fernsehen zeigt mir Leute, die schütteln im Ernst ganz inbrünstig in einem gewissen Rhythmus ansehnliche Glasballons mit 5 Litern Trinkwasser, um ihm Energie zuzuführen. Das Wasser wird zum Aufgießen von Heil-Tees und zum Verdünnen von homöopathischen Rezepturen genutzt. Gefragt, ob man den Schüttelrhythmus nicht auch von einer Maschine imitieren lassen könnte, ist die Antwort folgende: „Nein, denn das kann nur ein Mensch, er muss dabei an etwas Positives denken und aktiv dem Wasser Energie zuführen!"[5]

Es gibt viel zu viele Leute, die glauben, dass ein homöopathischer, „hoch potenzierter" Wirkstoff stärker wirkt als der Stoff, sagen wir Frauenmantel oder Salbei, in seiner Grundkonzentration. Hoch potenziert bedeutet u.U., er ist so weit verdünnt, dass gar kein Salbei mehr in der Pille enthalten ist.

. . . .

5 Rudoph Steiner, der Begründer der Anthroposophie, kommunizierte mit dem Kosmos. Ein hochgradiger Spinner, ein Rattenfänger, dem die Anhänger nur so zuströmten. Wissenschaftlich ist das, was er vertritt, unhaltbar – aber doch ganz lustig, wenn biodynamische Landwirte ein Kuhhorn, mit Mineralien gefüllt, im Winter an der Ecke eines Feldes vergraben, damit die „ungeheuren kosmischen Kräfte", die darin stecken, in den Boden übergehen!

Erwartungsgemäß zeigte eine Studie der Stiftung Warentest, dass die Wirksamkeit im Bereich von Placebos lag. Es helfen allein der Glaube an die Wirkung und das Auftreten des Arztes. Die Meldung wurde eine Zeit lang in der Presse plattgetreten – dann verstummte die Kritik wieder und die meisten Befürworter der Homöopathie blieben bei ihren angeblich so guten Erfahrungen.

Es gibt auch Leute, die nicht wissen, dass Strahlungsstärke oder Magnet- oder Gravitationsfelder mit dem Quadrat zur Entfernung in ihrer Stärke abnehmen! Die glauben tatsächlich, die Mehrfachsteckdose mit Uhr und Lampe neben dem Bett störten den Schlaf und seien ungesund! Oder der Funk-Sendemast nebenan verursache rasende Kopfschmerzen. Ranga Yogeshwar verfrachtete eine ach so bedauernswerte strahlungsgequälte Frau, deren Alltag, deren Leben durch die Handystrahlung völlig zerstört war, in ein strahlungsfreies Bergwerk und baute im Stolleneingang einen Funkmast auf. Dazu eine rote und eine blaue Lampe. Sie sollte dann notieren, bei welcher Farbe sie etwas spüren konnte vom ein- oder ausgeschalteten Sendestrom.

Der Versuch zeigte, dass ihre Schmerzen und ihre ganze schreckliche Irritation, bis zur Arbeitsunfähigkeit und chronischen Krankheit, reine Einbildung waren. Sie konnte Sendephasen und Pausen auch nicht annäherungsweise bestimmen. Wen wunderts? Der Mensch hat keinen Sinn für Elektromagnetismus! Hätten wir ihn, bräuchten wir keine Leitungsfinder vor dem Bohren und keine Kompasse beim Wandern. Übrigens: Wenn ich da, wo ich schlafe, also im Bett, das Magnetfeld der Leitungen auf dem Fußboden messen wollte, bräuchte ich schon ein ziemlich empfindliches Gerät! Im Baumarkt finden wir das nicht!

Es gibt Leute wie W., die mir Schlafzimmer und Bett pendeln wollen, um mir bei Schlafstörungen zu helfen: „Die Erde ist in ein Energieraster unterteilt. Wenn du Pech hast, liegst du auf einer Energielinie oder einem Knotenpunkt." Diese „Energie" habe die klassische Wissenschaft noch nicht gefunden, aber er merke ja am Pendeln, dass es funktioniere. Ich wollte ihn, W., einen empfindsamen jungen Mann („feinstofflich" nannte er das selber), nicht kränken, aber nachdem ich meine feste Überzeugung geäußert hatte, dass es außer Magnetismus, Gravitation und elektromagnetischer Strahlung keine weiteren Grundkräfte, Energien oder Strahlungen gebe und Pendeln reiner Aberglaube sei, ging er recht schnell ...

Meiner Erfahrung nach hängen besonders solche Mitmenschen gerne abseitigen Theorien nach, die keine ausreichend gute wissenschaftliche Schulbildung haben, die z.B. nicht mal eben aus dem Stegreif die zwei erdumkreisenden Flutberge bei Ebbe und Flut oder den radioaktiven Zerfall oder das Zusammenspiel von Variation und Selektion in der Evolution erklären können.

Traurig, dass im angeblichen Land der Dichter und Denker kaum jemand meint, Bildung sei Selbstzweck. Unsere Gesellschaft schult Arbeiter auf Hauptschulen, Angestellte, die ein wenig besser kommunizieren und rechnen können müssen, auf Real- und Berufsschulen und wenn es um anspruchsvolle Karrieren geht, ja, dann darf man ein wenig länger das Gymnasium besuchen und später sogar studieren. Völlig falsch und zu kurz gegriffen. Eine ideale Gesellschaft würde Bildung höher schätzen und zunächst jeden zumindest zum Abitur motivieren wollen! Bildung erhöht die Lebensqualität, ja, Bildung stellt überhaupt erst Lebensqualität her!

Um auf Ockham zurückzukommen: Der mittelalterliche Mönch ist eher im englischsprachigen Raum bekannt und er liefert zwei Richtlinien, um zu Entscheidungen zu kommen, ohne sich zu verrennen:

1) Von mehreren möglichen Erklärungen für ein Problem ist die einfachste Theorie allen anderen vorzuziehen!

2) Eine Theorie ist einfach, wenn sie möglichst wenige Variablen, Voraussetzungen oder Hypothesen enthält, und wenn die Elemente der Theorie in einfachen klaren Beziehungen zueinander stehen, aus denen der zu erklärende Sachverhalt logisch folgt.

Es verbietet sich, all diese versponnenen mystischen, magischen Annahmen zu machen über unentdeckte Energien, Geister, Telepathie, Jenseits, Heilige, übernatürliche Vorgänge und Fähigkeiten oder darauf gar ein Weltbild aufzubauen, wenn es einfachere Erklärungen gibt.

Piggy aus dem Nobelpreis-Roman „Herr der Fliegen" von William Golding sagt an einer Stelle: „Das Leben ist was Wissenschaftliches."

Und der Theologe Rudolf Bultmann dazu 1941: „Man kann nicht das elektrische Licht einschalten und gleichzeitig an Engel glauben" (Neues Testament und Mythologie)

„Sapere aude!" Wage zu wissen, war das Credo der Aufklärung, oder nach Immanuel Kant: „Habe Mut, dich deines eigenen Verstandes zu bedienen!"
Interessanter- und ironischerweise geht der Spruch auf Horaz zurück, der vor Jesus gelebt hat (8 vor Chr. gestorben).

All denjenigen, die sich daran klammern, dass man ihren „Gott" ja nicht sehen, anfassen, dingfest machen kann, so dass man nicht beweisen könne, dass er nicht hier oder dort oder überall und nirgends sei, all denen sei der berühmte Wissenschaftler Bertrand Russell ans Herz gelegt, der mit seinem Kaffeekannenparadoxon erklärte: Hinter Jupiter schwebt, für uns von der Erde aus unsichtbar, eine kleine Porzellan-Kaffeekanne im Weltraum. Beweise mir das Gegenteil!

Bertrand Russell hat damit sehr schön gezeigt, auf welch naivem und willkürlichem Niveau sich die Überzeugung von Glaubensanhängern bewegt.

Was soll ich überhaupt glauben? Ganz einfach: Möglichst wenig! Als Negativbeispiel dient mir mein Vater, der die Familie dauernd mit wissenschaftlich aufgemachten Anzeigen aus Zeitschriften terrorisierte: mit diesen alternativen Therapien für so gut wie alles. So musste meine Mutter täglich Muskat, Zimt und Kurkuma schlucken, ich sollte bei andauerndem chronischem Hustenreiz Thymian kauen, dabei halfen nur noch Codein und Kortisonspray(!), er selber glaubte monatelang statt unter Magenschleimhautentzündung unter „Laxtose"-Intoleranz (haha) zu leiden und mied alle Milchprodukte! Er - und wir - hätten es einfacher haben können!

2

Die Bibel

Ich folge strikt den Erkenntnissen der neueren Geschichtsforschung und Archäologie, die davon ausgehen, dass König Joshija die Niederschrift des Alten Testaments in Auftrag gegeben hat, um seine Herrscherqualitäten und sein Vorrecht auf den Thron des Nachbarstaates zu legitimieren. Zieht man die vielen anderen Geschichtsverdrehungen, Irrtümer und Erfindungen hinzu, entlarven sich die Bibel und die Glaubensgrundlagen des Christentums insgesamt weitgehend als Erfindung, als schriftstellerisches Werk, als fiktive Literatur mit leicht historisierendem Charakter.

ALTES TESTAMENT
Genesis – Erschaffung der Welt

Irgendwo habe ich es mal auf die Kurzformel gebracht:
Es gab keine Schöpfung und keinen Adam, Urknall und Evolution machen Gott wohnungs- und arbeitslos!

Wenn ich mit der Auffassung konfrontiert werde, wie neulich durch einen guten Freund, „dies alles", die Welt, das Universum, müsse aber doch irgendwoher kommen, also jemand muss es hergestellt haben, verweise ich auf drei Argumente:

1) Warum muss das Universum „irgendwoher kommen" – im subatomaren Bereich zeigen die Nebelkammern doch auch das grundlose Aufscheinen und Vergehen von verschiedensten Teilchen!

2) Es ist in den letzten Jahrzehnten geradezu Mode geworden, Gott hinter den Urknall zu verschieben. Lennon reichte es noch zu singen „above us only sky". Womit er darauf abhob, dass wir als moderne Menschen, die den Himmel längst erobert und gesehen haben, wie die ersten Menschen den Mond betraten, sehr genau wissen, dass er da oben nicht ist.

Vor Jahrtausenden noch, als hohe Berge für den Menschen unzugänglich waren, machte es Sinn, die Götter dort anzusiedeln, auf dem Olymp etwa. Später, als die Gipfel erobert waren, mussten die Götter in den Himmel weichen. Mittlerweile kann Gott nur noch weit entfernt im All schweben oder er befindet sich gar außerhalb unseres Universums, in anderen Dimensionen. Das nennt man die „Wohnungsnot Gottes".

Zur Orientierung:
Man sollte mal darüber nachdenken, dass erst vor 100000 Jahren die erfolgreiche Ausbreitung des Menschen begann. Vor 50000 Jahren begann die Besiedlung Europas und die ersten großen Reiche entstanden vor ca 7000 Jahren. Man mag es bedauern, aber nur eine gut organisierte größere Zivilisation, die zumindest teilweise städtisch organisiert ist, kann die Ressourcen bereitstellen, Wissen zu sammeln, Schulen aufzubauen, zu forschen, Technik und Wissenschaft voranzutreiben.

Erst die Griechen konnten die Himmelsuhr von Antikythera bauen, erst die Römer hatten Edelstahl, Beton, Operations-Hohlnadeln, bronzene Wasserventile, hygienische Krankenhäuser für Gladiatoren!

Dann kam der Menschheit dummerweise das „finstere" Mittelalter in die Quere und erst in den letzten 300 Jahren begann die Wissenschaft Sprünge zu machen.

Einstein hat vor etwa 120 Jahren die Relativitätstheorie entwickelt und wir wissen seit gerade mal etwa 90 Jahren, dass sich der Urknall vor ca. 13,8 Milliarden Jahren ereignete und er war, das ist wichtig, keine Explosion im Kosmos, sondern es war die gemeinsame Entstehung von Materie, Raum und Zeit aus einer ursprünglichen Singularität.

Mittlerweile forschen wir über dunkle Materie und dunkle Energie und es werden andere, multidimensionale Raum-Zeit-Strukturen durchgerechnet und erforscht, um zu neuen Erkenntnissen zu kommen.

Wer heute noch vollmundig behauptet, der Mensch könne nicht alles wissen, die Natur nicht vollständig verstehen, es würden immer Rätsel übrigbleiben, der übersieht, dass wir wissenschaftsgeschichtlich als Menschheit gerade mal am Anfang stehen und dennoch die Geheimnisse der Materie entschlüsseln, künstliche Sonnen in Fusionsgeneratoren (Anfang 2022) schon bis zu 15 Sekunden strahlen lassen und Stoffe atomweise zusammenbauen können. Er übersieht das ungeheure exponentielle Wachstum unseres Wissens!

Von dieser Warte aus betrachtet ist die Einstellung, wir könnten ohnehin die Natur nie ganz verstehen, es blieben also immer geheimnisvolle mystische Bereiche übrig, die genug Spielraum lassen, um zu glauben, vorsichtig formuliert „unüberlegt" oder genauer gesagt ziemlich dämlich!

Gläubige, die das Raum-Zeit-Kontinuum nicht hinreichend verstehen, meinen ja immer noch, dass es einen Gott benötigt, der den Urknall sozusagen hergestellt oder angeschoben oder gezündet hat.

Dummerweise widerspricht dies der Physik, denn ohne Materie hat es vor dem Urknall weder Raum noch Zeit gegeben.

Einfach ausgedrückt: Gott hatte keinen Platz und keine Zeit, die Schöpfung „anzustoßen"!

Wenn ich nun trotzdem irgendwas glauben wollte, müsste ich an ein Wesen glauben, das vor 14 Milliarden Jahren (vor 14.000.000.000 Jahren) außerhalb unseres heutigen Kosmos oder genauer gesagt außerhalb unseres Raum-Zeit-Kontinuums gelebt hat, in „anderen Dimensionen" vielleicht und dass „ES" nach der „Zündung" so unglaublich lange gewartet hat, um uns entstehen zu sehen, uns Menschen, die wir ja erstaunlicherweise nach seinem Bilde geschaffen sind.

Wenn ich das annehme, müsste ich aber - wie ich immer wieder betone - auch im Umkehrschluss annehmen, dass ER *uns* ähnlich ist.

Das wiederum macht solch eine Vorgehensweise unwahrscheinlich. Wie kann er außerhalb von Raum und Zeit existieren und uns ähnlich sein?

WIR haben unsere hominide Gestalt und unsere Bedürfnisse wie Nahrung, Sex, kreative Betätigung durch die Evolution erhalten – woher sollte dieser Gott seine Menschenähnlichkeit haben?

Und ein in „gewisser Weise" menschenähnlicher Gott wartet keine Milliarden von Jahren, um schöpfungstechnisch zu den gewünschten Bastelergebnissen zu kommen.

B   Genesis – Erschaffung des Menschen

Die Genesis wird leider immer noch von zu Vielen für real gehalten, dabei müsste jedem klar sein, dass die Evolution die Schöpfungsgeschichte widerlegt.

Dass Kreationisten in ihrer Ignoranz anderer Meinung sind, kann man nur belächeln. Die sogenannte Evolutionstheorie kann längst als Tatsche gelten, gibt es doch gleich haufenweise Belege, die uns von der Evolution hinterlassen wurden:

1) Die Knochenbaupläne der Lebewesen: Sie sind in klaren Abstufungen ähnlich und genau dadurch (Darwins Ur-Thema) lassen sich die Verwandtschaften und Entwicklungen nachweisen – eine beeindruckende und äußerst anschauliche Reihe von uns, der „Krone der Schöpfung" bis hinunter zu den Fischen und Einzellern.

2) Die fossilen Funde: Dass man tatsächlich Missing Links gefunden hat, wie den Archäopteryx, der beweist, dass die Vögel von den Reptilien abstammen, ist schon enorm. Dass man nicht in jedem Fall fündig geworden ist, und nicht jede neue Tierart über Zwischenglieder herleiten kann, stört mich nicht. So alt ist die Wissenschaft noch nicht und in einigen Jahrzehnten werden neue Generationen von Forschern weitere Beispiele gefunden haben.

Damit nun die Theorie falsifizieren zu wollen, ist albern, denn dann, und das bedenken diese selbsternannten Kritiker nicht, müsste man die spezielle Existenz von Archäopteryx, Quastenflossern usw. irgendwie anders erklären, was aber niemand kann. Die Fossilien jedenfalls ermöglichen den Aufbau einer sehr anschaulichen Abstammungsreihe der Arten.

3) Das Blut: Umso ähnlicher die Serumeiweiße von zwei Arten, desto ähnlicher das Erbgut. Bei entfernteren Arten klumpen die Eiweiße stärker.

4) Das Erbgut: Genome lassen sich heutzutage per Computer vergleichen. Je mehr Änderungen im Erbgut vorhanden sind, desto weiter liegen die Arten im Stammbaum auseinander.

5) Rudimentäre Organe: So haben wir Menschen tatsächlich oben am Ohr die eingeklappte Spitze, einen kleinen Knorpel eines wolfsähnlichen Tieres.

6) Biogenetische Grundregel: In der Ontogenese (Embryonalentwicklung) wird die Phylogenese (Stammesgeschichtliche Entwicklung) wiederholt. Ein menschlicher Embryo hat z.B. zeitweise einen Schwanz und Kiemenanlagen.

Sechs einzelne aber sinnvoll zusammenhängende und ineinandergreifende Fakten, von denen einer allein schon reicht, um zu überzeugen - das ist zusammengenommen derart schlagend, dass man schon recht simpel und verblendet sein muss, um die Evolutionstheorie abzulehnen.

Damit würde man nämlich einen Gott postulieren, der all dies geschaffen hat, um uns zu verwirren, und warum sollte ER das tun? Warum sollte ER, wenn die Schöpfung wirklich nur ein paar tausend Jahre alt ist und die Arten nicht in Jahrmillionen entstanden sind und es keinen Archaeopteryx gegeben hat, die entsprechenden Fossilien in den Erdboden praktizieren![6]

Sicher, der mystisch-magischen, gehirnverkrampften Sichtweise der Kirche entspräche das: Trotzdem glauben!

Da gibt es ja auch noch andere Beispiele: Gott setzt Adam und Eva in ein Paradies wie in ein Terrarium, stellt einen Baum mit Äpfeln der Erkenntnis dazu und sagt: „Davon dürft ihr nicht essen." Als sie das tun, denn das ist ihre Natur, soweit ich es verstehe, erkennen sie was? Nun, hier folgt ein hebräisches Wortspiel zwischen „êrom", nackt und „ârûm", schlau! Auch der Begriff des „Erkennens" ist gleichzeitig der hebräische Ausdruck für den Vollzug des Geschlechtsverkehrs. Und ich hatte mich immer gewundert, wie oft die sich da in der Bibel erkannt haben und wie oft eben nicht! Ich dachte schon: „Brille – Fielmann!" Aber hier gehts ja offensichtlich doch wieder nur um Sex.

Normaldenkenden stellen sich gleich mehrere Fragen: Warum wollte Gott die Menschen dumm und sexlos halten, obwohl er sie doch ganz anders ausgestattet hatte?

. . . .

6 Im allerersten Scheibenweltroman Pratchetts (Strata) schreibt die Heldin, eine Terraformerin, ihren Namen in ein Gebirge, wird aber vom Supervisor erwischt und mit einer Sondermission bestraft. Der Planet muss völlig natürlich aussehen, selbst wenn Menschen ihn gebaut haben

Wollte er etwa ursprünglich nur eine kinderlose Menschheit aus zwei Personen haben? Wie merkwürdig! Eine derartige Schöpfung von unfassbar großem Weltall, Zeiträumen von Äonen und dann stehen darin wie auf einer einsamen Insel ein Mann und eine Frau! Übrigens ohne Supermärkte, Fernsehen oder Playstation.

Wenn man es weiterdenkt: Wollte er möglicherweise weiterhin Menschen selber erschaffen, so wie ein Künstler einen Statuenpark erschafft? Aber wozu dann die potentielle Fortpflanzungsmöglichkeit?

Und hatte er Adam und Eva nicht eigentlich nach seinem Bilde geschaffen? Aber ist er dann ein Mann oder eine Frau oder Hermaphrodit?

Was, wenn er uns nur nach seinem INNEREN Bilde, seiner Psyche, Intelligenz oder Denkstruktur angelegt hat. Dann würde er viel mehr Mitleid zeigen müssen, vorausgesetzt, er wäre „gut".

Und wie sieht denn die Psyche eines Wesens aus, das mit Dimensionen und Universen jongliert und das außerhalb von Zeit und Raum überdauern kann? Für uns völlig unvorstellbar und in nichts, aber auch gar nichts mit dem Inhalt und Funktionieren meines Kopfes vergleichbar.

In Relation gesetzt wäre sein Interesse an uns noch abwegiger, als wenn ich mich auf die mikrobielle Ebene begeben würde, um, sagen wir, mit einem zufällig intelligent gewordenen Stamm meiner Darmflora zu kommunizieren. Würde ich die Bakterien lieben und ihnen meinen Sohn schicken, damit sie ihn kreuzigen? Aua!

Lauter Fragen, die nirgendwohin führen, die schon absurd klingen, wenn man sie stellt! Denn tatsächlich haben sich die Menschen Gott nach ihrem Bilde erschaffen, in bewusster Abgrenzung zu anderen Religionen oder Volksstämmen und zum Animismus, der sich alle Naturerscheinungen beseelt vorstellt – und damit, gelinde gesagt, etwas unpraktisch daherkommt. Oder zu Tiergöttern und Mischwesen, die einem als noch unwahrscheinlicher vorkommen müssen als die Aliens aus Star Treck.

Immer scheint die Frage wieder auf: Was sollte denn das wohl für ein Gott sein, der solche Spielchen mit den Menschen treibt: ein gelangweilter, rachsüchtiger, grausamer, sexfeindlicher Gott? „Ich bin ein eifersüchtiger Gott: Bei denen, die mir feind sind, verfolge ich die Schuld der Väter an den Söhnen und an der dritten und vierten Generation." (Deuteronomium 5,9)

Mangelndes Einfühlungsvermögen zeigt der biblische Gott auch in der Geschichte um Abraham und Isaak, als Gott Abraham befiehlt, ihm seinen Sohn Isaak zu opfern. Drei Tage, drei lange Tage lässt ER ihn im Glauben, das sei sein Wille, dann jedoch im letzten Moment (... der arme traumatisierte Isaak! Hoffentlich hatte er danach eine vernünftige Psychotherapie!) teilt ihm ein Engel mit, Gott wolle keine Menschenopfer.

Wozu die Übung also: ER wollte nur mal eben gucken, ob Abraham auch gottesfürchtig sei. Und das ist doch der Punkt: Mit einem Gott, der Spielchen treibt, der gefürchtet sein will, kann ich nichts anfangen. Zu so einem kann ich nicht aufblicken, da habe ich andere Ideale, Vorbilder, bei Gandhi und Lennon angefangen.

Man müsse das historisch sehen und werten, heißt es dann plötzlich, das sei eben der Weg gewesen, wie Gott damals vor 3000 bis 4000 Jahren das Menschenopfer habe abschaffen wollen. Ach ja, wieso nicht früher, und warum nur im damaligen Süd-Syrien (Kanaan)? Was ist mit den Mayas, Azteken, Indianern, Germanen, Hawaiianern? Bei einigen dieser Völker war das Opfern von Menschen ja schon geradezu ein Sport!

Und hätte Gott nicht einfach sagen können, was er wollte? ER kann laut Bibel ganze Städte in Schutt und Asche legen, wenn ER angesäuert ist, aber einen konkreten Befehl konnte ER nicht geben. Vielleicht wären wir mit einer weiblichen Gottheit besser dran? Vielleicht wäre SIE kommunikativer gewesen.

„Moment!", sagen da einige Gläubige im Internet, die auch dieses Fettnäpfchen nicht auslassen können. „Die Vorstellung von einem Gott musste sich in alttestamentarischen Zeiten doch erst entwickeln! Da kann man nicht jedes Wort auf die Goldwaage legen, das Alte Testament muss interpretiert werden!"

Aber: „Die Paradieserzählung als Teil der biblischen Urgeschichte wurde bis in die Mitte des 20. Jahrhunderts in den Kirchen historisch verstanden", erklärt Wiki mir. Jaja, das hab ich doch mitgemacht. Und sogar „Und die Bibel hat doch recht" gelesen. Und jetzt hat sie urplötzlich doch nicht recht? Die „heilige" Bibel? Man kann als Außenstehender kaum ermessen, wie verarscht ich mich fühle!

Ja, also tatsächlich geraten nach all den Jahren die gläubigen Wissenschaftler ins Hintertreffen, die verzweifelt beweisen wollen, dass das Turiner Grabtuch echt sei, dass ein „unerklärliches" Feuer eine dicke Ascheschicht in Sodom erzeugt habe, ja dass sogar die Sintflut stattgefunden habe, weil es Schlammablagerungen in bestimmten Dörfern gibt (so dass einige „Forscher" immer noch auf dem Berg Ararat nach der Arche buddeln!) und dass Infraschall möglicherweise die Mauern von Jericho zum Einsturz gebracht habe.

Die Schlammablagerungen entpuppen sich als jährlich wiederkehrende Überflutungen – Sintflut ade, Arche ade! Ohnehin sind sich kritische Wissenschaftler einig: Überschwemmungen hat es regional und zeitlich begrenzt immer wieder mal an allen möglichen Orten gegeben, besonders in Küstenregionen durch Tsunamis.

Eine physikalische Erklärung dafür, dass angeblich alle Landmassen bis zu den höchsten Bergen mit Wasser bedeckt waren, kann es nicht geben. Die Wassermenge auf der Erde hätte durch ein „Wunder" um das geschätzte Dreifache vergrößert werden müssen – ein Klacks für einen Weltenschöpfer, sicher, doch gibt es auch keine Hinweise auf eine Auslöschung allen Lebens und sei es nur auf den vorderen Orient begrenzt!

Und es gab „Keine Posaunen vor Jericho: Die archäologische Wahrheit über die Bibel", so Finkelstein, Silbermann mit ihrem Buch von 2004! Zur fraglichen Zeit der Stadtbelagerung gab es gar keine Mauer um Jericho, die hätten fallen können!

Viele glauben heute noch, David und Salomon seien im 10. Jahrhundert v. Chr. mächtige Könige Israels gewesen. Aber heute wird die Existenz eines solchen Königreichs 1000 vor Christus angezweifelt!

Und wenn sie überhaupt existiert haben, dann laut der Archäologen Finkelstein und Silberman, im Folgenden F/S, als kleine Herrscher in nur regional bedeutenden Käffern – ohne großartige Tempel und Paläste!

Und noch mehr: Durch Datierungseckpunkte wie etwa „Philister", „Verwendung von Kamelen" und „Verbreitung von Weihrauch" sind F/S zu der Folgerung gelangt, dass das ganze AT gar nicht so alt ist wie vermutet: Die Geschichten über Abraham usw. sind erst im 7. oder 8. Jh. v. Chr. zusammengetragen worden.

Zu den in Qumran gefundenen antiken Schriftrollen erklärte Israel Finkelstein im Februar 2022 in einer Wissenschaftssendung, dass die unmäßige Lobhudelei, mit der König Joshija in der Bibel bedacht wird, wo man ihn sogar mit Moses vergleicht, das Ergebnis seiner eigenen Auftragsarbeit ist!

Er wollte über Juda und Israel herrschen und brauchte irgendeine Begründung – wo holt man die her, wenns keine tatsächlichen Gründe gibt?

Man sucht Schreibkundige, Schriftgelehrte und richtet ihnen ein Schreibbüro ein, um die Märchen und Legenden der Bronzezeit zusammenzutragen, zu sichten und, wo nötig, zu verändern.

Heraus kommen entlehnte, selbstgestrickte, zusammengelogene Geschichten und gefälschte Vorfahrenreihen in einer „Erzählung", die uns den gar so weisen und großartigen König als rechtmäßigen Herrscher auch des Nordstaates verkaufen will.

Nun kommt es erstens anders und zweitens als man denkt: Joshija wird tatsächlich im Krieg vom ägyptischen Pharao Necho geschlagen und getötet!

Aus der Traum! Das war´s dann wohl?

Aber nein, mitnichten! Verblüffenderweise setzen das Autorenteam oder seine Nachfolger aus den Reihen der Schriftkundigen die Arbeit an den Lügengeschichten fort. Kein Gedanke daran, die schmeichelhaften Übertreibungen zurückzunehmen – Joshija bleibt der „Überkönig" in der Bibel und egal, wann und wer die „Heilige Schrift" weiterdichtete: Die grundlegende Denkweise blieb immer dieselbe: Die vorhandenen Erzählungen oder Ereignisse müssen nicht die Realität abbilden, sondern sich dem Zeitgeist beugen und mit der Erzählintention einhergehen Man fühlt sich an Trump mit seinen Alternate Facts erinnert oder heute an Putin.

Zum Verständnis: Zu den meisten Vorkommnissen oder Sachverhalten in der Bibel haben die Autoren erst im Nachhinein Erklärungen gesucht oder ohne jedwedes Vorwissen erfunden. So kennen sie etwa einen Schutthügel, der mal eine Stadt gewesen ist – na kommt, wir erdichten eine mitreißende Story, in der ein allgewaltiger Gott sie vernichtet hat oder aber wir schieben die Tat einem Anführer oder Heerführer unter, der dadurch so richtig mächtig erscheint.

Abraham, Isaak und Jakob und selbst Moses und mit ihm die Wunder um ihn herum und das spektakuläre Teilen des Meeres, all dies verschwindet sang und klanglos im Nebel der Legenden, wenn wir erklärt bekommen, dass es den Auszug aus Ägypten nicht gegeben hat: Nicht nur, dass es angesichts der Situation in Ägypten und der überragenden militärischen Ausstattung der Ägypter recht unwahrscheinlich erscheint, dass ihnen ein Volksstamm abhanden kommt, findet man von dem angeblichen jahrzehntelangen Umherirren oder Siedeln auf dem Sinai keine, aber auch gar keine Spur.

Die entsprechenden Orte sind real und lassen sich finden und untersuchen, doch waren sie zur Zeit des fiktiven Auszugs unbewohnt (Keine Feuer, keine Keramik, keine Knochen, nichts!)

Die Moses-Geschichte geht auf mindestens zwei verschiedene ähnliche ältere Legenden anderer Völker zurück, in denen ein Baby in einem Korb auf dem Wasser ausgesetzt wird – und auf die Tatsache, dass einzelne Familien oder kleinere Stämme zeitweise in Ägypten gearbeitet haben.

Ebenso hat es einen König von Edom nicht gegeben, auf den die Israeliten hätten stoßen können. Und die Eroberung Kanaans hat als Krieg nie stattgefunden, sie entpuppt sich laut F/S als Wachstum, als Übernahme von innen her, die Israeliten waren selber ursprünglich die Kananäer gewesen!

Die Bibelschreiber wollten Identität stiften, inneren Zusammenhalt geben und benachbarte Stämme abwerten, übelst beschimpfen, z.B. nach dem Motto: Was kann schon dabei herauskommen, wenn die Urväter zweier Stämme inzestuös (Lot mit seinen Töchtern) empfangen worden sind (Moabiter und Ammoniter). Ja, Leute, seht der Tatsache furchtlos ins Auge, dass diese deftige Story um den inzestuösen Sex des besoffenen Lots die Qualität eines Beitrags der Boulevardpresse hat – mehr nicht!

Fazit:

- die nun etwa 3000 Jahre währende Verachtung von Wahrheit und Authentizität
- der Drang, vorgefundene Sachverhalte oder Dinge wie zerstörte Städte möglichst effektvoll zu erklären und einem Erzählziel unterzuordnen und
- die Bereitschaft älteres Material aus anderen Epochen und Kulturen hemmungslos als ureigenes zu übernehmen und
- Helden, wie man sie gerade benötigt, aufzubauen

muss wohl kulturell im Vorderen Orient tief verankert sein, denn die Evangelisten veranstalten später um die Figur des Jesus herum den gleichen Zirkus! Sie schaffen das Bild eines Jesus, der so nie existiert hat.

Als Wahrheiten verkaufen kann man die Erzählungen der Bibel heute nicht mehr. Wie es nun im Detail um das Neue Testament und Jesus steht, behandelt das nächste Kapitel.

3

Der Jesus-Mythos

Ich habe nicht schlecht gestaunt, als mir kritische Bücher (Dawkins, Silbermann/Finkelstein) erklärten, Jesus sei gar nicht in Bethlehem geboren worden. Kein Stall? Weder Ochs noch Esel? Und auch keine drei Weisen aus dem Morgenland? Betrug!

Tatsächlich hat es die Volkszählung nicht gegeben, die hier nur den Anlass für Maria und Josefs Reise liefern soll. Aber ein Jesus aus Nazareth gefiel den Evangelisten und Urchristen nun mal nicht, zu wenig Charisma! Er sollte doch bitte da geboren sein, wo auch König David geboren worden war, in Betlehem, und er sollte am besten in direkter Linie von ihm abstammen, also rechtmäßig König sein.

Wie kann das sein, die heilige Bibel hat Unrecht?

Nun, Matthäus, als einziger der Evangelisten, erwähnt die „Weisen aus dem Morgenland", um die Verehrung Jesu sogar durch Ungläubige darzustellen, der Sache also noch mehr Gewicht zu verschaffen. Es hat die „Weisen" also nie gegeben und nun wundert es auch nicht, dass die Wissenschaft solche Probleme hat, einen Stern zu finden, der den Weg gewiesen haben könnte!

Dass es „drei" waren, hat man obendrein erst dreihundert Jahre später aus den drei Gaben Weihrauch, Myrrhe und Gold gefolgert und die Namen erfand man noch weitere 300 Jahre darauf! Man sollte erwarten, dass Köln den

Dreikönigssarg zum Sperrmüll stellt oder zumindest einschmelzen lässt, in die Wertstofftonne passt er nicht.

Genauso ist die anschließende Flucht nach Ägypten Unsinn, denn es hat den Kindermord zu Betlehem auch nicht gegeben!

All dies, bis hin zur Jungfrauengeburt dient nur dazu, die Stellung, das Gewicht, das Ansehen der Person Jesu zu erhöhen, ja, auf eine königliche und sogar göttliche Stufe zu stellen.[7]

Und wozu nun genau diese Jungfrauengeburt? Nun, viele große legendäre Helden, die was auf sich halten, können eine solche vorweisen. Es gehört dazu, wie der Anzug mit dem S zu Supermann!

Hier eine lockere Aufstellung, sie zeigt
– Buddha als um 600 v. Chr. von der Jungfrau Maya geboren

– den griechischen Gott Dionysos von einer Jungfrau geboren

· ·

7 Frischen Theologiestudenten bringt man heutzutage bei, dass sie bitte nicht an den Jesus glauben sollten, wie er allgemein dargestellt wird. Wikipedia dazu: „Die Geburtsgeschichten ... gelten weitgehend als Legenden, da sie bei Mk und Joh fehlen, sich stark unterscheiden und viele mythische und legendenhafte Züge enthalten. Dazu zählt man die Listen der Vorfahren Jesu, die Geburtsankündigung durch einen Engel, die Geistzeugung und Jungfrauengeburt Jesu, den Besuch von orientalischen Astrologen, den Stern, der sie zu Jesu Geburtsort geführt haben soll, den Kindermord in Betlehem und die Flucht der Eltern mit Jesus nach Ägypten."

– Adonis, einen babylonischen Gott, als von der Jungfrau Isthar geboren

– Krischna, die bekannte Hindu-Gottheit, als von der Jungfrau Devaki geboren

– Platon, ja sogar er(!), von Apollon und einer Jungfrau abstammend ...

– von Perseus heißt es, die Jungfrau Danae habe den Samen des Zeus schlafend als Goldregen empfangen

Und mehr noch: Kritische Wissenschaftler sind außerdem überzeugt, dass wir kein einziges authentischen Wort Jesu besitzen![8]

. . . .

8 Wer all dies noch ausführlicher nachlesen will, schaut unter
http://www.spiegel.de/spiegel/print/d-46266230.html

4

Jesus in der Geschichtsschreibung

Ich hatte oben schon erwähnt, dass die Juden vor 2000 Jahren Jesus nicht als Gottes Sohn erkannt und anerkannt haben. Ja, die Mehrzahl der Juden wird ihn zu Lebzeiten kaum oder gar nicht wahrgenommen haben!

Dazu passt, dass die Evangelisten die Geburt Jesu mal mit der Volkszählung und mal mit dem Kindermord des Herodes, den es gar nicht gegeben hat, in Verbindung bringen. Alles in allem öffnet sich ein 10-Jahresfenster, innerhalb dessen er geboren worden sein könnte.

Jesus wird auch nur von zwei historischen ernstzunehmenden Quellen erwähnt. Da wären der jüdische Historiker Flavius Josephus und der römische Geschichtsschreiber Tacitus.

Flavius Josephus ist hochinteressant, weil er, kurz nach der Kreuzigung 37 oder 38 n. Chr. in Jerusalem geboren, als Priester der Oberschicht Zeitgeschichte aus erster Hand erlebt bzw. mitgestaltet und aufgezeichnet hat. Er sollte doch wohl davon gehört haben, dass der Sohn des amtierenden Gottes kurz vor seiner Geburt hingerichtet worden wäre!

Er hatte sich sogar erklärtermaßen in seinen Studien mit den jüdischen Gruppierungen wie Sadduzäern, Philistern und Essenern beschäftigt! Ein Fachmann also! UND er spielte eine sehr aktive Rolle im Jüdischen Krieg: Laut Wikipedia verteidigte er Galiläa im Frühjahr 67 gegen

Vespasian. Eine hohe Stellung, die ihm regelrechte Abenteuer und ein höchst interessantes Leben bescheren sollte.

Jotapata war ein Schauplatz des Jüdischen Krieges. Flavius Josephus verteidigte die Festung im Sommer des Jahres 67 n. Chr. gegen die römische Armee, konnte aber die Einnahme Jotapatas nicht verhindern. Er ergab sich Vespasian und geriet dadurch in römische Gefangenschaft (Kurze Version! Die lange ist richtig filmreif!).

Er prophezeite dem Feldherrn Vespasian dessen künftiges Kaisertum (so macht man sich Freunde) und begleitete später als Freigelassener Vespasians Sohn Titus in der Endphase des Krieges, dadurch wurde er 70 n. Chr. Zeuge der Eroberung Jerusalems. Mit Titus kam er im folgenden Jahr nach Rom, wo er das römische Bürgerrecht erhielt, den Rest seines Lebens verbrachte und mehrere Bücher schrieb.[9]

Er kannte also die religiösen und politischen Gruppierungen en detail und als jemand, der aktiv gekämpft hatte, wird er ein tiefgehendes persönliches Verständnis für den

. . . .

9 Man kann sich noch weitere antike Autoren googeln, die in ihren Schriften den Namen Christus kurz erwähnen. Da sie aber alle später oder viel später als Flavius Josephus gelebt haben, können sie ihre Kenntnisse nur durch Josephus selber oder frühchristliche Gruppierungen und deren Erzählungen erlangt haben, also in jedem Fall aus dritter und vierter Hand.
Das Problem mit der Figur „Jesus" ist: Er war nicht wichtig genug – nur ein weiterer der jüdischen Unruhestifter, die sich für die Rechte des Volkes einsetzten und den römischen Besatzern a pain in the ass waren und sich weigerten den Kaiserkult anzuerkennen. Die wurden reihenweise gekreuzigt. Und einige von ihnen werden sogar den gebräuchlichen Namen Jesus geführt haben!

Wunsch der Juden gehabt haben, sich von der römischen Herrschaft zu befreien und die Neigung politisch-religiöse Führer, Prediger, Propheten zu verehren, die versprechen, dass die Endzeit nah sei oder sogar angefangen habe – soll heißen, es würde ein „Messias" auftauchen, der den Kampf gegen Rom führen und siegen würde!

Ausgerechnet Josephus aber erwähnt Jesus nur einmal kurz - und diese Textstelle gilt noch dazu seit langem, seit über 300 Jahren schon, als von Christen verfälscht oder gar komplett erfunden. Man darf nicht vergessen, dass wir den Text nur aus einer Abschrift aus dem 11. Jahrhundert kennen!

Und was man aus dem Material ablesen kann, ist (wie bei Tacitus) nur, dass jemand namens Jesus oder Christus von Pilatus hingerichtet worden ist, nachdem er von wohlhabenden Juden angeklagt worden war. Anscheinend später ergänzt: „Er vollbrachte nämlich ganz unglaubliche Taten und war der Lehrer aller Menschen, die mit Lust die Wahrheit aufnahmen."

Die Geschichtsschreibung kann die Göttlichkeit Jesu nicht erhärten? Im Grunde verwundert das schon sehr!

Aber angeblich folgen IHM doch Tausende! Er erweckt dahinfaulende Tote wie Lazarus von Bethanien nach vier Tagen wieder auf (Ach, nur nebenbei: Es lässt sich auch ein „Bethanien" nicht finden!), er geht übers Wasser, vermehrt durch Zauberei Brot und Wein … Unerhörtes und Unglaubliches geschieht – da manifestiert sich Sensationelles: Göttliche Macht!

Oder eben doch nicht: Was sich tatsächlich manifestiert, ist nur Fantasielosigkeit: Nichts davon haben sich die Verfasser selber ausgedacht, es ist alles aus schon lange bestehenden Sagen und Legenden abgekupfert!

Schauen wir weiter: Dann kommt Jesus auch noch als „König", alte Prophezeiungen erfüllend, auf einem Esel in die Stadt geritten, eine große Menschenmenge empfängt ihn und legt Kleider und Ölzweige auf dem Boden aus.

Schließlich wirft er frech die Geldwechsler aus dem Tempel und zuletzt wird er auch noch hingerichtet! Durch Kreuzigung nämlich! Wie furchtbar! Wie grausam! Die Sonne verfinstert sich für drei Stunden und der Tempelvorhang zerreißt, als Jesus stirbt! UND er bleibt nicht tot, er ersteht wieder auf!

All das ist nicht aufregend, nicht sensationell genug, dass ein sieben Jahre später Geborener davon hört und uns davon berichtet?

Nein, all das hat so nicht stattgefunden und wird erst 40-100 Jahre später zusammengeschreibselt, angeblich von Markus, Lukas, Matthäus und Johannes!

Ach, Apostel haben das geschrieben?

Nein, natürlich nicht! Man darf sich nicht irre machen lassen von der Namensgleichheit der Evangelisten Markus und Johannes mit den entsprechenden Aposteln. Man geht davon aus, dass diese Namensgleichheit gewollt ist, um den viel später getexteten Evangelien Authentizität zu verleihen. Wieder eine gezielte Desinformation!

Nun, wer auch immer als erster begonnen hat, die Evangelien zu verfassen und auszuschmücken, hat sich, enttäuscht vom Status Quo, die Feder genommen, um etwas zu verändern, um einen Helden zu schaffen, der den Menschen Mut macht, der eine Befreiung in Aussicht stellt.

Und um Jesus aufzuwerten als den wahren Messias, werden ihm nun die Attribute angehängt, die in der antiken Folklore Helden und Götter auszeichnen: Übers Wasser gehen, Wasser in Wein verwandeln, Wunderheilungen, in den Himmel auffahren.

Die einzelnen Erzähler, als erstes die Urchristen sowie der „Ur-Markus" wollten das Ganze dadurch „besser" machen, überzeugender! „Wahrheit" war offensichtlich damals kein Thema bei der Erzeugung und Weitergabe von Informationen, es ging nur darum, Menschen zu bewegen und möglichst etwas in Gang zu setzen, das die Römer im Endeffekt besiegen und vertreiben würde.

Währenddessen kämpfte Flavius Josephus selber real gegen die Römer und kam ganz knapp mit dem Leben davon.

Der große Jüdische Krieg gegen die Römer begann nach Wikipedia im Jahr 66 n. Chr. in Judäa, ausgelöst durch (ungeschickte, weil unnötige) staatliche und religiöse Unterdrückung, und wurde im Jahr 70 mit der Eroberung Jerusalems und der Zerstörung des Jerusalemer Tempels entschieden.

Endgültig konnte der Krieg erst im Jahr 73/74 mit dem tragischen Fall von Masada beendet werden. [10]

Viele glaubten, der „Tag des Herrn" werde durch einen menschlichen oder göttlichen Boten (meschiya) vorbereitet werden.

Endzeiterwartungen, seit dem 1. Jahrhundert v. Chr. immer populärer geworden, waren in diesen Jahrzehnten weit verbreitet, unterschieden sich aber stark voneinander.

Dies trug zu einer religiösen Aufladung der Unzufriedenheit mit der römischen Herrschaft bei, wobei die Juden auch in dieser Hinsicht keineswegs mit einer Stimme sprachen, sondern verschiedenen Lagern angehörten. Besonders die Zeloten strebten einen gewaltsamen Aufstand gegen Rom an, während die Gemäßigten beständig an Rückhalt verloren.

26 kam es zu schweren Unruhen, als Pontius Pilatus Kaiserbilder nach Jerusalem bringen ließ, und auch die

· ·

10 Im Jahr 6 n. Chr. war Judäa zur römischen Provinz Syria geschlagen worden und wurde ... von ritterlichen Präfekten verwaltet. Schon 6/7 kam es zu einem Aufstand, den Judas, Sohn des Ezechias, führte. Judas war einer von mehreren Volkspredigern, die sich als Messias (Christus) ausgaben.
Dies war nur der erste der drei großen jüdischen Aufstände gegen die Römer im 1. und 2. Jahrhundert. Der zweite war der Diasporaaufstand um 116, der dritte der Bar-Kochba-Aufstand 132–135. Ich erwähne das, um zu zeigen, wie wichtig dem unterdrückten jüdischen Volk Freiheit war. Das ist ja auch nachvollziehbar - die Besatzung durch die Kolonialmacht Rom war wirklich ein hartes Joch.

Hinrichtung Jesu von Nazareth gehört in diesen Zusammenhang: Die jüdischen Autoritäten und die Römer betrachteten ihn als einen von vielen radikalen Unruhestiftern.

Um 45 vollbrachte der Prediger Thaddäus angeblich große Wundertaten und zog zahlreiche Anhänger an, woraufhin der Prokurator Cuspius Fadus die Menge gewaltsam auseinander treiben und Thaddäus hinrichten ließ.

Um 52 provozierte ein römischer Legionär durch obszönes Verhalten blutige Unruhen, denen 20.000 Menschen zum Opfer gefallen sein sollen.

Spätestens seit der Verhaftung des Zelotenführers Eleazar traten die Sikarier immer stärker in Erscheinung. Sie verübten Attentate auf Römer, Griechen und jene Juden, die sie für Verräter hielten.

Die Situation verschärfte sich durch das ungeschickte Verhalten vieler Statthalter und die wachsenden Spannungen zwischen Juden und Nichtjuden sowie zwischen Radikalen und Gemäßigten immer mehr.

Deshalb beginnen genau in dieser Zeit, 66-70 n.Chr., die Evangelisten ihre Erzählungen über diesen „Erlöser", zusammenzuschustern.

Warum fiel die Wahl auf Jesus von Nazareth? Nun, er hatte sich wohl als Endzeitprediger einen Namen gemacht und das baldige Ende der Römerherrschaft und die Errichtung eines Gottesstaates prophezeit.

Diese Endzeiterwartungen waren damals Mode. Viele Menschen erwarteten ganz real und recht bald das Armageddon, in dessen Zuge Gott die Feinde Israels auslöschen und eine Art Paradies auf Erden für die Juden herstellen würde: goldene Städte, in denen Milch und Honig fließen.

Hier noch ein Blick auf das engere Umfeld von Jesus: Auch seine gesamte Entourage ist in historischen Aufzeichnungen kaum aufzufinden. Keiner der Apostel ist historisch sicher festzumachen, die Existenz einiger von ihnen ist allenfalls recht „wahrscheinlich".

Gerade auch Petrus, dem Jesus angeblich gesagt hat, er wolle seine Kirche auf ihm (dem „Fels", griech. petros) bauen, was als spätere Einfügung gilt, hinterlässt keine greifbaren Spuren außerhalb der Apostelgeschichte.

Obwohl er 3000 Menschen an einem Tag bekehrt und seine Reisen ihn bis nach Rom geführt haben sollen, ist da nichts Handfestes, so dass alles, was wir nun über Jesus und die Apostel zu wissen glauben, nur aus der mündlichen Überlieferung und schließlich der Feder der Evangelisten stammt. Doch die Evangelisten haben Jesus UND die Apostel definitiv nicht gekannt.

Wir sehen uns also in einer Situation, in der unsere Informationen über Jesus zumindest aus dritter Hand stammen und dem Gestaltungswillen, der Agenda des Erzählenden unterworfen waren. Und eine Agenda, einen ganz persönlichen Glauben, individuelle Vorstellungen hatte jeder! Die Spannweite reichte von reichen Befürwortern der römischen Besatzung über offen feindselige religiös motivierte bis zu einfachen armen Leuten.

Religiöse Eiferer und Hardliner stritten auch damals heftig mit weltoffeneren, auf Integration bedachten Gruppierungen.

Merkwürdig, merkwürdig, dass einem das nicht beigebracht worden ist, nicht in der Schule, nicht im Kommunionunterricht, nicht durch die Eltern! Ich dachte, es ginge um das Leiden Christi, um unsere „Erbsünde" (was immer das auch sein sollte), um Gottes Sohn usw., doch tatsächlich ging es um antike Politik und das, was jüdisch-christliche Splittergruppen vor 2000 Jahren gern glauben wollten.

Im Grunde war das auch „Jesus' größter Irrtum", wie man es nennen könnte: die Endzeiterwartung.

Mehrfach soll Jesus zu seinen Jüngern gesagt haben, sie würden noch zu Lebzeiten am Reich Gottes auf Erden teilhaben.

Was mich daran so ungemein stört, ist die Tatsache, dass Gottes Sohn es nicht besser wusste![11] Den übrigen Menschen kann man das in der damaligen Besatzungssituation im Grunde nicht vorwerfen. Sie wollten ganz real befreit werden.

. . . .

11 Versuchung Jesu: „Wieder nahm ihn der Teufel mit sich und führte ihn auf einen sehr hohen Berg; er zeigte ihm alle Reiche der Welt mit ihrer Pracht ..."

Müssten es der Teufel oder Jesus als Gottes Sohn nicht besser wissen? Eratosthenes ist um 240 VOR Chr. die erste Berechnung des Erdumfangs zu verdanken, er kam auf ca. 6.645 km und damit auf einen Wert, der nur 4,2 Prozent über dem korrekten liegt.

Wie findet sich der Teufel denn nur auf einer kugeligen Erde zurecht, wenn er sie für eine Scheibe hält? Hat er ein Navi? Ruft er den ADAC, wenn er sich verflogen hat?

Das ist nicht passiert und Jesus ist 2000 Jahre überfällig.

Eine Erklärung für seine Äußerungen und sein Verhalten (wenn man soweit auf dieser Ebene einsteigen will) könnte sein, dass ihm im Laufe seiner Predigten, seiner Kontakte mit den unzufriedenen Menschen, klargeworden ist, dass es auf jeden Fall zum Knall, zum Krieg mit den Römern kommen würde.

Anscheinend wurde er zum „Messias" hochstilisiert und anscheinend machte er das mit und unterstützte es.

Als er vor Pilatus stand, war er ziemlich unkooperativ, obwohl es doch um sein Leben ging. Er stellte sich zwar selber nicht als Sohn Gottes oder Messias vor, aber – und das klingt recht realistisch – als Pilatus ihn fragte, ob er der König der Juden sei, stimmte er einfach nur zu: „Du sagst es!"
Damit besiegelte er sein Todesurteil. Wahrscheinlich dachte er, dass es in dieser Situation einen Märtyrer brauchte.

Und er hat sich und seine Wirkung weit überschätzt, er könnte geglaubt haben, sein Tod rufe große Unruhen hervor, das Volk erhebe sich und fordere seine Freilassung.

Möglicherweise hat er unmittelbar heftige Aufstände erwartet als direkte Reaktion auf das Urteil, so dass es revidiert worden wäre oder er in den Unruhen wieder auf freien Fuß hätte gelangen können.

Vielleicht hat er die Zahl seiner Anhänger überschätzt. Wie auch immer, er hat mit seinem Leben gespielt und wenn die Bibel da recht hat, war ihm das auch klar, denn er hatte offensichtlich Todesangst.

Man ist versucht, Jesus mit Gandhi zu vergleichen – der Anspruch, auf Gewalt zu verzichten, legt es nahe. Wäre Gandhi bedroht worden, hätte sich das so schwierige, inkohärente indische Volk wie ein Mann erhoben.

Abgesehen davon, dass man das Indien der Neuzeit kaum mit dem Judäa der Antike vergleichen kann, hatte Jesus eben nicht Millionen hinter sich, eher wohl Tausende – wenn überhaupt.[12]

Außerdem nutzt Gandhi die Gewaltfreiheit als Mittel, als generelle Strategie, während die Gedanken dabei frei bleiben. Jesus dagegen stellt die völlig illusorische Forderung auf, man solle seine Feinde lieben!

Fazit: Nach kritischer Analyse war vom AT nichts historisch Verwertbares übrig, nichts, worauf man seine tiefsten Überzeugungen, seinen Glauben gründen könnte.

Nun konnte ich zeigen, dass auch vom NT nichts Übernatürliches, nichts Besonderes, nichts Wegweisendes übrigbleibt, wenn man durch den historischen Rahmen schaut und alle Märchen, alle sagenhaften Elemente, alle Erfindungen abzieht.

Warum nochmal sollte ich an einen „Gott" glauben?

. . . .

12 Apropos „Zahl der Anhänger": Ich tendiere dazu, die Speisung der 5000 komplett ins Reich der Fantasie zu verweisen, weil auch hier die Erzähler nur versuchen das Motiv der Brotvermehrung des Elischa (2 Kön 4,42-44) zu nutzen und zu übertreffen, um Jesus als DEN Messias auszuweisen!

Weil ein Wanderprediger vor 2000 Jahren von sich selber möglicherweise gesagt hat, er sei Gottes Sohn?

Na, vielen Dank! Da kann ja jeder kommen!

5

Gnadenlose Konditionierung

Sehen wir bitte der unangenehmen Tatsache furchtlos ins Auge, dass das, was Gläubige mit ihren Kindern im Rahmen religiöser „Erziehung" anstellen, tatsächlich Konditionierung ist! Wem das nichts sagt: Auf deutsch würde ich es frei mit Gehirnwäsche übersetzen.

Besonders perfide, ja kriminell, dabei die Einflussnahme auf kleine Kinder, unmündige Menschen, denen Vergleichsmöglichkeiten und Erfahrungen fehlen, um sich zu wehren, um unabhängig urteilen zu können.

Diese Einflussnahme hat System, die meisten der Übeltäter geben sogar zu, dass, wenn man damit nicht sehr früh beginnt, man später mit dieser Konditionierung keinen Erfolg mehr haben wird. Anders übrigens als Rousseau gedacht hat.

Er wollte seinem Émile erst spät, erst bei eingetretener Mündigkeit den Kontakt mit der Religion ermöglichen, in der Überzeugung, dass sein Zögling an der Wunderbarkeit der Natur erkennen wird, dass es einen Gott geben muss. [13]

Dummerweise ein Denkfehler, denn er kannte die Evolution noch nicht: Natürlich ist für uns die Natur großartig und weist vielfältige „passende" Gegebenheiten auf, die wir nützlich, schön und gut finden – sind wir als

. . . .
13 Rousseau, Émile ou de l'éducation, Amsterdam 1762

Menschen und Säugetiere doch durch die Evolution in diese Gegebenheiten hineingewachsen und an dieselben perfekt angepasst.

An einem warmen Tag in den mittleren Breiten brauche ich nicht mal Kleidung, erfreue mich der Sonne und kann Blumen und Früchte riechen und perfekt unterscheiden, was mir schmecken oder mir Bauchschmerzen bereiten wird.

Ein Delfin ist ans Wasser angepasst und überlebt auf dem Strand nur Stunden! Ich kann dafür im Wasser nicht überleben und überhaupt: Es gibt in unserem Sonnensystem keinen anderen Planeten, auf dem ich ohne einen immensen Aufwand an Technologie leben und überleben könnte. Ja, selbst die vielzitierten erdähnlichen Planeten, die Wissenschaftler in einigen Lichtjahren Entfernung gefunden haben, würden kein Überleben gewährleisten. Die Chance, dass diese Planeten tatsächlich ein Luftgemisch wie die Erde aufweisen, genügend Wasser und einen Erdboden, den man agrarisch nutzen könnte, liegt etwa im Bereich eines Lottogewinns.

Es ist ein grober Denkfehler, dass Gott uns diese „wunderbare" Umwelt beschert habe. Die Großartigkeit der Schöpfung basiert einfach gesagt auf Variation (Mutation) und Selektion (Anpassung).

Ich kann auch wirklich keine Perfektion und nichts Wunderbares daran erkennen, dass die „Schöpfung" mit Vulkanausbrüchen, Tsunamis und anhaltenden Dürreperioden daher kommt und die „Erschaffung des Menschen" mit Pest, Aids, Krebs, Parkinson und Alzheimer und dass wir nur eine durchschnittliche Haltbarkeit von weniger als einem Jahrhundert haben.

Man könnte es mit Mark Twain etwas humoriger sagen: „Gott ist ein schlechter Ingenieur – wer würde schon einen Abwasserkanal mitten durch einen Vergnügungspark bauen?"

Nein, naive religiöse Ansichten erwirbt man nur durch frühes Einpauken, dazu Manfred Dworschak im Spiegel vom 21.12. 2013 in „Der Glaube der Ungläubigen" sinngemäß: Selbst eingefleischte Atheisten sind in der Kindheit dermaßen beeinflusst worden, dass sie nicht in der Lage sind, Flüche auszusprechen gegen die eigene Familie oder den Gott, den es ja nicht gibt, anzuweisen, doch ruhig die eigenen Eltern zu ertränken oder vom Blitz erschlagen zu lassen.

Lügendetektoren zeigen, dass sie ähnlich wie Gläubige dabei in emotionale Bedrängnis und ins „Schwitzen" geraten. Denn magisches Denken sitzt tief, wie die Beispiele zeigen, in denen jemand ein Foto seines Eherings zerschneiden soll!

Oder, so Dworschak: „Würden Sie für 20 Euro in bar Ihre Seele dem Teufel verkaufen, mit einem echten Vertrag auf Papier: Würden Sie, Hand aufs Herz, mit Ort und Datum unterschreiben?"

Oder, für die besonders Mutigen: „Würden Sie einen tadellosen, frisch gereinigten Pullover aus dem Nachlass Adolf Hitlers überziehen?"

Es gibt auch Wissenschaftler, die nun eine Region im Hirn gefunden haben wollen, die der Sitz der Religiosität sein soll.

Für mich macht das durchaus Sinn, denn natürlich hat sich, solange der Mensch einigermaßen denken kann, also seit Jahrhunderttausenden, das Gehirn den Anforderungen angepasst, sich mit Leben und Sterben, Tod, Schicksal, Freude, Leid auseinanderzusetzen. Und egal, WAS unsere Vorfahren geglaubt und verehrt haben, das Feuer, getötete Tiere, den Wind, die Sonne, natürlich hat das über so lange Zeiträume das Gehirn verändert.

Diese Veränderung wird wohl bewirken, dass man einerseits ein Bedürfnis hat, an etwas zu glauben, etwas zu verehren, auf ein Podest zu stellen, zu bewundern und andererseits muss es, um zu funktionieren, gleichzeitig eine gewisse Leichtgläubigkeit herstellen. Ein Aha-Erlebnis, diese Forschung, da ich mir nun erklären kann, wo all die verblendeten Impfgegner, Bachblüten-Anhänger, Holocaust- und Mondlandungsleugner herkommen.

Das darf jedoch nicht bedeuten, dass man nun die Religion, die man als Kind verpasst bekommen hat, blindwütig ausüben sollte. Eher sollten aufgeklärte Menschen aufmerksam sein und begreifen: Sicher möchte etwas in mir glauben! Aber gerade deswegen passe ich auf, was ich glaube. Das Wissen um die Verführbarkeit ist der erste Schritt zur Unabhängigkeit!

Und man muss ja nicht unbedingt an eine klassische Religion glauben, ich selber vertrete den Existenzialismus, ich denke mit Camus, das Leben ist sinnlos, aber wenn ich aufgebe, hat der Tod, hat das Nichts gewonnen. Ich kämpfe darum, dem Leben Sinn abzugewinnen, indem ich male, schreibe, meine Umwelt, mein Haus, meinen Garten nach meinen Vorstellungen gestalte und für meine kranke Frau da bin, wenn sie mich braucht.

Ich bewundere andere, die meditieren oder sich bei Greenpeace oder bei Tafeln oder in der dritten Welt engagieren. Mehr braucht es doch gar nicht an Hingabe und Sinnfindung! Oder mit John Lennon: Imagine all the people, living for today!

Nochmals im Detail, wie kommt es zu dieser Gehirnwäsche, was gehört alles dazu, Religiosität derart in den Menschen und der Gesellschaft zu verankern?

Folgende Faktoren werden wirksam:

1. erbarmungslose, nahtlose Konditionierung von früh an: a) im Christentum mittels Osterhase, Nikolaus, Weihnachtsmann und Christkind. Sie mögen komplett kommerzialisiert sein, aber der Bezug zur Religion als Grundlage bleibt allgegenwärtig.

b) mittels Kindergebeten, die schon ganz früh die Stellung „Gott oben/sieht alles" versus „Kind unten/hat brav zu sein" einüben. „Hast du denn auch schon gebetet?" Eltern bringen auch heute noch Kindern Abend- und Tischgebete bei.

2. die Etikettierung Gottes als eines „lieben Gottes", den wir natürlich kräftig zurückzulieben haben, but hello! So richtig selbstlos ist dieser Gott nicht – wir aber sollen es sein!

3. gleichzeitiges Drohen – und das hat nun wirklich System – Drohen mit dem rächenden Gott: Der, der alles sieht, der uns in die Hölle steckt, kleinliche unverständliche Verbote ausspricht, lästige, willkürliche Fastenzeiten eingehalten haben und der ganz doll angebetet werden will.

Normalerweise reicht ja die Aussicht auf Belohnung, um ein gewisses Verhalten hervorzurufen oder einigermaßen sicherzustellen. Aber die Arbeit mit Belohnung und mit zusätzlicher Strafandrohung als Verstärkung potenziert die Wirkung.

4. perfekte Durchdringung der Kultur: die allgemeine Akzeptanz, die große Selbstverständlichkeit, mit der Glaube zelebriert wurde oder wird, und wie er sogar kleinste Alltagssituationen beherrscht(e). So erinnere ich mich daran, dass meine Mutter mit dem Brotmesser auf der Unterseite des Brotes ein Kreuzzeichen kratzte und ich fragte, warum sie das denn tat. Sie meinte, Gott habe uns das Brot ja gegeben, also müsse man es aus Respekt segnen. Ich darauf: „Ich dachte, du hättest es im Laden gekauft!"

5. übertriebene Feierlichkeit: Die gegenüber dem ach so erhöhten Wesen demonstrierte Unterwürfigkeit sowie die Ernsthaftigkeit und der Pomp, mit denen Zeremonien durchgeführt werden. Man denke dabei an die in Herrschaftsfarbe (Purpur) gehaltenen Gewänder, aufs Edelste mit Goldbrokat verunziert, die luxuriösen Leuchter, monströsen Monstranzen, Kreuze, Weihrauchgefäße, Kelche, an die getragenen Hymnen …

All das ist ein Syndrom aufwendigster zeremonieller Unterwerfung und es hat unbestreitbar seine Eigendynamik nach dem Motto: „Bei dem Aufwand muss ja was dran sein!"

Zusammenfassend geht es also darum, dass durch verstaubte Erzählungen über magische Vorgänge, die als völlig real verkauft werden, bei gleichzeitiger Inaussichtstellung von Gratifikation UND Pönalisation, eine fast perfekte Konditionierung erreicht wird, die es schafft, Rationalität im Menschen, klick, auszuschalten, sobald Religion ins Spiel kommt!

Dass dies nicht hohle Worte sind, zeigt das eindrucksvolle Extrem-Beispiel des Jerusalemsyndroms, das pro Jahr etwa 100 Touristen befällt. Der Jerusalemer Psychiater H. Herman diagnostizierte in den 1930er Jahren als Erster das verblüffende Phänomen als „Jerusalem-Fieber". Die Betroffenen halten sich für eine heilige Person aus der Bibel, geben sich als diese aus und predigen und beten öffentlich. Die Erkrankung hat den Charakter einer Psychose, geht aber nach ein paar Tagen wieder vorbei.

Das Verblüffende scheint mir die automatenhafte Zuverlässigkeit, mit der die christliche und jüdische religiöse Hysterisierungs- und Konditionierungs-Maschinerie jährlich etwa die gleiche Menge an Psychotikern produziert. Dazu muss man aber verstehen, dass Jerusalem ziemlich regelmäßig von gut 3 Millionen Touristen jährlich besucht wird! Davon sind etwa die Hälfte Christen, 30 Prozent Juden. Da der Anteil an instabilen, religiösen Persönlichkeiten statistisch in etwa gleichbleibt, wird am Ende auch immer die Zahl von etwa 100 Betroffenen erreicht.

Viel interessanter ist aber für mich die Tatsache, dass niemand mehr drauf reinfällt. Keiner wirft sich heute vor Moses zu Boden, keiner lässt sich von Johannes taufen! Die Betroffenen werden seit 90 Jahren als das genommen, was sie sind, Kranke, die geheilt werden müssen und nicht etwa Propheten oder wiederauferstandene Heilige!

Dabei glauben die meisten schon, genau wie meine Eltern, dass man in Jerusalem die Fußabdrücke Jesu sehen kann, dass die Jungfrau Maria Jesus geboren hat, Jesus Gottes Sohn ist, wir jeder einen Schutzengel haben, Gebete erhört werden, eine Oblate das Fleisch Christi sei, wir nach dem Tode irgendwie weiterleben usw. usf.!

Und es ist ja nicht nur das „Glauben" als solches! Viele, auch wenns mittlerweile weniger werden, richten auch heute noch ihr Leben durchaus nach den Vorgaben der Kirche aus: christliche Feste, Fasten, Kirchgang, Gebete, Taufen, Kommunion, Firmung und … Freitags Fisch!

Abgesehen davon, dass sie an all den mystischen Schwachsinn (Engel, Wunder, Gebete) glauben, sind diese Gläubigen recht unauffällig und funktionieren im Alltag normal – was vielleicht auch etwas über die vermeintliche Normalität des alltägliche Wahnsinns aussagt…

Nur wenn angesprochen auf religiöse Themen oder konfrontiert mit atheistischem Gedankengut lassen sie keinen vernünftigen Gedanken an sich heran. Sie können im Alltag Rektoren sein, Ärzte, Statistiker, Ingenieure und hervorragende Arbeit leisten, aber in Bezug auf Religion

sind sie offensichtlich in einer Paranoia gefangen, die sie
alles abwerten, umdrehen, negieren, ablehnen, ja, verdammen lässt, was gegen ihre Überzeugung spricht,
welche sie ja zum Überleben, zum Weiterleben wie bis-
her, zum Zufriedensein und Sich-Zurechtfinden in der
Welt und im Leben benötigen. [14]

Sehr treffend, der Begriff des „ausgestanzten" Wahns,
der sich auf ein begrenztes Thema bezieht, während die .
Person ansonsten unauffällig lebt. Im Wahn werden Mei-
nungen willkürlich zu unumstößlicher Wahrheit erklärt
und jeder Abgleich mit anderen Sichtweisen verweigert.

· ·

14 Arthur Koestler spricht von der „paranoiden Kluft zwischen rationa-
lem Denken und irrationalen, auf Gefühlen beruhenden Überzeugungen." Koestler, A.: Der Mensch – ein Irrläufer der Evolution, in: Der
Spiegel 5/1978, S.162 f.

6

Der Sinn des Lebens

„Da muss aber was sein, sonst macht das Leben ja keinen Sinn!", ist die entlarvende Äußerung vieler halbgarer Christen, die nach all ihren Lebenserfahrungen so vollständig und „richtig", wie die Kirche es möchte, nicht mehr „glauben", die aber ein Jenseits brauchen, um mit ihrem relativ kurzen, mühevollen Leben zufrieden sein zu können.

Ja, wer sagt denn, dass das Leben automatisch einen Sinn machen muss?

Welchen Sinn macht es denn für Kriegsopfer, für krebskranke Kinder, für Kindersoldaten, für Verhungernde in Krisengebieten, für zur Heirat gezwungene Mädchen, für die Opfer muslimischer „Ehren"-Morde, für Mobbing-Opfer, die nicht mehr ein noch aus wissen?

Der „Sinn des Lebens" ist wie so vieles ein bürgerliches Konstrukt, zurückzuführen auf Geniekult und Individualismus in Sturm und Drang, Klassik und Romantik.

Wir sind Säugetiere, Mammalia, gehören zu den Landwirbeltieren. Fragen wir doch mal einen bedrohten Wirbeltiergenossen aus der Art der Karettschildkröte oder den uns näher verwandten Berggorilla, den es wohl bald nicht mehr geben wird, ob sein Leben einen Sinn macht. Fragen wir mal ein Spanferkel, ob sein Leben ...

Für ein Tier stellt sich die Frage nicht, aber ein denkender Mensch kann natürlich feststellen, dass jedes Tier im Rahmen der Biosphäre Erde und im Rahmen der weiterlaufenden Evolution eine wichtige Rolle spielt.

Außerdem wird besagter Mensch mit etwas Mitgefühl jedem Tier gönnen, dass es ein langes Leben hat, so weit wie möglich ohne Schmerzen und Hunger, soweit wie möglich nach den Vorgaben seiner „Natur", seiner Anlagen und Instinkte. (Besagter Mensch wird bei genügender Reflexion schnell zum Vegetarier werden.)

Und was ist mit den putzigen, kleinen Schildkrötenjungen, die seit Jahrmillionen aus dem Sand krabbeln und nach nur ein paar Minuten Leben gefressen werden? Ein Wirbeltier zu sein, bringt wirklich nicht automatisch ein erfülltes Leben mit sich.

Der SINN hinter all dem LEBEN auf unserer Erde scheint zu sein, dass die DNA weiterlebt, sich weiterentwickelt und dass die Evolution weitergeht. Die DNA kämpft sozusagen um ihr Überleben und gegen das Nicht-Sein. Aber auch das kann und wird wohl eine Überinterpretation, eine Vermenschlichung sein. Und das menschliche Bewusstsein ist kein Wunder! Und es bringt nicht automatisch SINN mit sich. Den müssen wir mit all unserer enormen Intelligenz und unserem überragenden Einfühlungsvermögen schon selber herstellen!

Also, wo ist er denn nun, der Sinn des Lebens. Eins ist klar, aber niemand will es wahrhaben:

Der Katholizismus (wie jeder andere jenseitsorientierte Glaube) schafft gar keinen Sinn fürs Leben!

Der Sinn liegt ja für „Cathoholics" (nach dem Versprecher eines Schülers im Englischunterricht bei meinem lieben Relikollegen) im Jenseits, also **nach** dem Leben, welches dann auch ruhig scheußlich sein kann, am besten so scheußlich und unerträglich wie möglich, dann wird das Jenseits um so schöner.

So bitte nicht! SINN muss schon im Leben selber liegen oder gefunden werden – nicht aber in einem Zweck, der auf eine fiktive Zeit nach dem Leben verweist.

Am ehesten kann ich mich mit dem Existenzialismus anfreunden: Albert Camus beschreibt die menschliche Existenz als hoffnungslose Absurdität. Das Leben ist sinnlos.

Seltsamerweise leben wir in einer hoffnungslosen Welt und tun dennoch so, als hätte alles einen Sinn. Tag für Tag funktionieren wir, erledigen unsere Pflichten, als müssten wir nicht letztendlich sterben. Dieser Tatsache aber müssen wir Camus zufolge mutig begegnen. Immer wieder aufs Neue. Alles andere sei feige. Und wir sollten unser Dasein auskosten und ganz trotzig intensiv im Hier und Jetzt leben. Der Mensch stellt in diesem Kampf den Sinn selber her!

John Lennon singt ganz richtig:
„You only got one
and a dog's life ain't fun..."

Wenn ich mich nicht mehr aus diesem „Jammertal" auf das Jenseits verweisen lasse, bekommt das Diesseits einen ganz neuen Stellenwert.

Ja, wer lebt schon gerne wie ein Hund?

Eine ausreichende Absicherung, ein vernünftiges Dach überm Kopf, vielseitige Entfaltungsmöglichkeiten gehören dann essentiell dazu.

Nun ist es leicht, als junger Mensch über das Ende zu reden. Unvorstellbar mal alt zu sein, grau, tatterig … oder gar Krebs zu haben, gesagt bekommen, dass man nur noch so oder so lange hat!

Im Grunde glaubt man doch, man lebe ewig. Im Alter oder besonders als junger Mensch mit den Prognosen einer unheilbaren Krankheit fertig zu werden, ohne zu wehklagen und zu verzweifeln, ist schon etwas, das allen Respekt verdient und mehr.

Als meine Mutter erfuhr, dass der Lungenkrebs gestreut hatte und ihr nur noch ein paar Wochen blieben, trat sie, ohne sich einmal umzusehen, aus dem Haus, das sie mit Vater eingerichtet hatte und in dem sie über 60 Jahre gelebt, Großeltern gepflegt, Kinder großgezogen und kunstvoll gekocht und genäht hatte. Sie stieg ohne einen Blick zurück in den Wagen meiner Schwester, um für ihre letzten Tage zu ihr zu ziehen, denn meine Schwester hat ein großes Haus und einen wunderbaren Hausarzt.

Mutter, und das muss man sich mal vorstellen, bedauerte immer wieder den Aufwand und die „Umstände", die sie verursachte, aber Klagen waren bis zum Schluss keine zu hören – bis auf: „Musst du denn immer was mitbringen?"
„Ja, immer!" Ein stehender Witz zwischen uns.

Ich bin überzeugt, das sollte man eigentlich schaffen, auf ein Leben zurückzublicken und zu sagen: „Gut – es war gut. Das meiste habe ich richtig gemacht und ich bin zufrieden. Ich habe zwei Kinder erfolgreich in die Welt gestellt. Ich habe die Eltern gepflegt, bin mit den Kindern meiner berufstätigen Freundinnen Schwimmen gegangen, habe alte Menschen aus dem Heim geholt, um mit ihnen Eis zu essen und mittellosen Jugendlichen Nähkurse gegeben. Und ich habe mich lange um meine kranke Nachbarin und zuletzt um meinen Mann gesorgt. Das wars nun." Und ich könnte mir denken, dass sie sich als Katholikin gesagt hat: „Es wird ja wohl so etwas wie einen Himmel geben und vielleicht habe ich genug Gutes getan. Also ist alles in Ordnung!"

Letzteres würde ich natürlich nicht unterschreiben. Ich würde eher sagen: „Jahrmillionen war ich nicht da und nun werde ich wieder nicht da sein. Das tut nicht weh. Andere werden geboren und nehmen den Kampf um ein sinnvolles Leben auf!"

Aber dieses „Akzeptieren" als solches erscheint mir geradezu titanenhaft! DAS hebt uns auf eine Stufe mit Prometheus und Sisyphus! Und das ist, um es mit Neil Postman zu sagen, die Art Geschichte, die wir uns und unseren Kindern erzählen müssen! Denn die Art der Geschichten, die wir wählen, bestimmt, wie die Einstellung der Menschen von morgen aussehen wird.

Werden sie immer halbherziger an unzeitgemäße zaubernde Gottwesen glauben und ihr Leben einsam an elektronischen Geräten verbringen, die ihre Zeit und ihr Leben auffressen und statt Sinn kurzzeitige Adrenalinstöße verschaffen oder werden sie die Erschaffer einer lebenszugewandten Gesellschaft, in der das Leben Sinn macht.

7

Soul Food - Seele oder Bewusstsein

Wir Menschen haben eine unsterbliche Seele?

Was soll das bitte sein?[15]

Ich wurde 1957 geboren und aus einem Säugling mit ein paar Reflexen wurde ein Junge, der plötzlich das Wort „Ich" begriff. Und ich werde sterben und nicht mehr sein.

Wo kommt da nun die Seele her. Wann kommt sie genau? Wie? Woraus gemacht? Wo sitzt sie? Was tut sie?

Eins weiß ich: Das, was in mir „Ich" sagt, ist mein Bewusstsein und nicht die Seele. Und dieses menschliche Bewusstsein ist auch kein Wunder! Aber es ist hilfreich, es sich mal genauer anzuschauen.

Es ist ein Trick der Evolution, uns Bewusstsein zu verleihen, daran ist nichts Mythisches oder Mystisches.

Die meisten Tiere haben keins. Sie können von sich selber nicht als „Ich" denken, sie können nicht bewusst Erinnerungen hervorrufen, vergleichen, komplexe Schlüsse ziehen, sich in Vergangenheit und Gegenwart orientieren und für die Zukunft planen und sie können sich meist im Spiegel nicht erkennen.

. . . .
15 Wer sich für die Herkunft des Konzepts „Seele" interessiert, geht zu Seite 63

Um zu erklären, wie das „Ich" funktioniert, hier ein Rückgriff auf die Erkenntnisse der Hirnforschung zum Klavierspielen. Mir, als Ungeschultem, war es, als ich es ausprobieren wollte, nicht möglich, mit links und rechts unterschiedliche Bewegungen auszuführen. Pianisten aber können gleichzeitig Noten lesen und mit der linken und rechten Hand unterschiedliche Läufe spielen.

Das MRT aber zeigt: Genau genommen schalten linke und rechte Gehirnhälfte blitzschnell hin und her, so dass wie beim schnellen Zeigen von Bildern, die sich dann nahtlos zu bewegen scheinen, in einem glatten, anscheinend ununterbrochenen Fluss die Musik entsteht.

Es ist meine Überzeugung, dass unser Gehirn all die Informationen aus Körper und Umwelt (Kommunikation, Bewegung, Sehen, Hören, Riechen ...), die gleichzeitig auf es einströmen, durch genau diese Technik des Hin- und Herschaltens verarbeitet, also wertet und vorhält, ohne einerseits davon überflutet zu werden und ohne andererseits alles gleich wieder zu löschen zu müssen, wenn der Strom der Zeit es vorbeigetragen hat!

UND es kann neue Daten mit älteren Erfahrungen abgleichen. Dieser fortlaufende Prozess ermöglicht Selbstwahrnehmung und Einordnung in die Umwelt, sowie Vorausplanung und Erinnerung an längst Vergangenes.

Vergleichbar das Ganze mit einer Art Kino im Kopf, wo auf unzähligen Leinwänden Eindrücke von außen und aus sich selbst gespiegelt und mit abgespeicherten Erfahrungen abgeglichen werden. Das ist das Bewusstsein. Ein Taschenspielertrick des Gehirns!

Und ein toller, ein unglaublicher Taschenspielertrick, wenn man bedenkt, dass es uns ermöglicht, uns mehrere Wirklichkeiten nebeneinander vorzustellen – unsere eigene etwa oder sogar solche aus Romanen oder Filmen oder die von Freunden.

Und dennoch ist es etwas, das nicht überbewertet werden sollte. Ist es doch strikt an die grauen Zellen und ihr reibungsloses Funktionieren gebunden.

Die Täuschungsanfälligkeit ist enorm. Unter Drogeneinfluss nimmt die Rationalität rapide ab. Bei Kopfverletzungen, Schusswunden, soweit sie zufällig einigermaßen glimpflich verlaufen, kann man an den Ausfällen festmachen, welche Areale normalerweise welchem Zwecke dienen und welche Informationen dort verarbeitet werden. Und die unzähligen traurigen Schicksale der Soldaten zweier Weltkriege, und hier besonders die Kopfschüsse, zeigten den Wissenschaftlern schon vor der Kernspintomografie, welche Hirnareale für welche Gedächtnis- oder Denkleistung zuständig sind!

Man kann das Hirn so täuschen, dass zeitliche Abfolgen umgekehrt wahrgenommen und Ursache und Wirkung vertauscht werden, wie mir es bei einem beobachteten Auffahrunfall auf dem Platz vor der Wilhelmsuniversität Münster passiert ist. Die Verunfallten wollten mich als Zeugen, aber meine Wahrnehmung war völlig unbrauchbar, ich meinte gesehen zu haben, dass der Vordere zurückgesetzt hatte, aber der Hintere war aufgefahren! Die Leutchen guckten mich ziemlich irritiert an.

Merkwürdig! Aber die Korrumpierbarkeit der Sinne bietet ideale Voraussetzungen für irrationales Verhalten, Sinnestäuschungen, Verführbarkeit.

Dabei weiß dieses Organ, Hirn, als einziges überhaupt, dass es existiert. Es denkt, also ist es. Das ICH kennt die physiologischen Grundlagen dieses „Kopfkinos" nicht. Es glaubt, es sei ein abstraktes „Etwas", eine autonome Entität im Kopf. Und diese Entität denkt oft, sie funktioniere völlig unabhängig vom Zustand des Körpers, doch da liegt der neueren Hirnforschung nach ein massiver Irrtum vor, denn das Bild vom Körper, die Signale der Sinne sind wesentliche Grundlage für die Bildung des Ich, des Selbstbewusstseins. Es mag zwar sein, dass man Rechenaufgaben lösen kann, ohne bewusst und aktiv gleichzeitig über Hunger, Durst, Kältegefühl, Sitzposition, Kleidung auf der Haut nachzudenken, doch das vollständige Ich bildet sich nur in der Gesamtschau. Dafür spricht die altbekannte Tatsache, dass bei Verlust von Gliedmaßen der Körper sie im Kopf ergänzt als Phantomschmerz. Allein diese Tatsachen widersprechen schon der Existenz einer unabhängigen Seele, wie die Christen sie sich vorstellen!

Dieser fortlaufende Bewusstseinsprozess, mag er auch mal durch Drogen, Schlaf oder Bewusstlosigkeit gestört und unterbrochen sein, dieser ansonsten kontinuierliche Prozess schließt meiner wiederholt geäußerten Meinung nach aus, sich das Nicht-Funktionieren des Prozesses vorstellen zu können. Dem Bewusstsein ist es strukturell unmöglich, sich seine Nichtexistenz zu vergegenwärtigen oder mehr noch, sie zu akzeptieren.

Seit es Menschen gibt, können sie nicht verstehen, dass jemand, gerade noch aktiv, lebendig, durch den Tod schlagartig verschwindet und zwar so gründlich verschwindet, dass keine Kommunikation mehr mit ihm und keine Rückkehr für ihn möglich ist.

Da das menschliche Bewusstsein sich aus der Situation, aus dem Jetzt lösen kann, ja, da man sich mit etwas Mühe sogar vorstellen kann, ein anderer zu sein oder in Tagträumen weit weg auf einer einsamen Insel zu weilen, waren die Menschen geneigt, die Bewusstseinsprozesse, das Denken, die Persönlichkeit, als eigenständig, als **tatsächlich** losgelöst vom oder zumindest nur locker mit dem Körper verbunden zu betrachten.

Also hat man sich gedacht: Wenn der Körper stirbt, wenn das Herz aufhört zu funktionieren, warum sollten auch Denken und Persönlichkeit enden? Dieses körperlose Weiterfunktionieren des menschlichen Geistes wurde schon bei den Griechen in der Blütezeit ihrer Kultur und Philosophie als „Seele" begriffen und sie mutmaßten, dass diese Seelen am Ende in den Hades, das Totenreich hinabfahren, Dabei trinken die Toten aus dem Fluss des Vergessens, der Lethe, und kennen danach weder Zukunft noch Vergangenheit, sondern nur noch die beständige Gegenwart der Unterwelt.

Aus dem Judentum kommt nun die Vorstellung eines unversehrten „Weiterlebens" nach dem Tode. In der hebräischen Bibel sind nur wenige Andeutungen dazu zu finden. Doch in späteren jüdischen Schriften ist diese Vorstellung weit verbreitet. Wahrscheinlich hat eine jüdische „Laienbewegung" zur Zeit Jesu die Idee der Auferstehung entwickelt: also die Pharisäer. Die Sadduzäer dagegen lehnten die Idee der Auferstehung ab, soweit wir wissen.

Ob „Seele" oder „Paradies" - hier sind es Konstrukte, die vorher in der antiken Welt schlichtweg nicht existiert haben. Sie mussten sich erst entwickeln, mussten als Wünsche, Ideen und Überzeugungen Einzelner erzählt und weitererzählt werden, diskutiert, ergänzt, erweitert, verdreht werden, so dass sie sich dem Bedürfnis der Menschen anpassen konnten, nach dem Tode weiter zu existieren.

Es war überhaupt eine große Zeit der Heldensagen- und Mythen-Erzählkunst, ersatzweise für TV, Radio und Morgenzeitung. Jeder und jede Familie hat so ihre oder seine Lieblingsmythen und erzählt sie auf besondere Weise. Jeder hat Ideen und Veränderungen, so dass wie beim Stille Post Spielen Mythen wachsen und sich entwickeln können.

Ob es um Schöpfungsmythen geht, die mit ihren Hauptmotiven zu den Sumerern 3000 v.Chr. zurückreichen, oder um Götterstammbäume, Seelen und das Jenseits, sie sind nach und nach in den Köpfen der Menschen entstanden.

Dies ist auch schon das handfeste Gegenargument gegen blinden Glauben: Ein paradiesisches Jenseits und eine dazu passende Seele sind erst spät, etwa vor 2000 Jahren erfunden worden und somit wie die komplette Religion menschengemacht – es liegt keine ewige Wahrheit vor, sondern nur Wunschdenken.

Noch etwas, das die „Seelen-Verfechter" überhaupt nicht realisieren: Was man ist, denkt und fühlt, ist nur von den grauen Zellen abhängig. Ein Schuss, wie oben schon angesprochen, an der „richtigen" Stelle, ein Tumor, ein Aneurysma und ich kann nicht mehr riechen, Farben sehen, oder möglicherweise Wörter zwar verstehen, aber sie selber nicht mehr bilden oder nicht mehr gehen usw..

Das macht schon auf sehr brutale Weise klar, dass unser Denken, unser Bewusstsein, unsere Fähigkeiten unser ICH gänzlich materieverhaftet sind.

Heute sind immer mehr Familien mit dramatischen Entwicklungen bei älteren Menschen befasst: Demenz!

Wir kommen auf die Welt und wissen kaum etwas, wir leben und lernen und am Ende, wenn wir Pech haben, ist das Gehirn wieder fast leer, noch bevor wir gestorben sind. Wir verlieren unsere Persönlichkeit, unser Wissen, unsere besonderen Fähigkeiten, unser Benehmen, Sprache, Denkvermögen - denn all das ist eine biologische Leistung des Gehirns.

Wo ist **da** die Seele? Und wir sollen doch von unseren Gebrechen geheilt ins Jenseits einziehen!

Ein orientierungsloser Alzheimer-Patient: Was soll denn seine „Seele" aus seinem Leben „abbilden" und „mitnehmen" ins Jenseits? Nur das traurige Ende oder nur die guten Jahre?

Wo genau würde der „Seelen-Rekorder" die Grenze ziehen? Und hat ein Mensch mit Demenz denn gar keine positiven wertvollen Erlebnisse mehr? Natürlich doch!

Angeblich wird der Mensch bei der Auferstehung wieder gesund hergestellt. Und eins ist ja wohl klar, beides, die Zustände der geistigen Gesundheit und die des Verfalls können nicht gleichzeitig realisiert werden!

Die Vorstellung von einer „Seele" passt einfach nicht mehr in die Zeit!

8

Nah-Tod oder Auferstehung

Häufig als Gottesbeweis ins Feld geführt wird die sogenannte Nah-Tod-Erfahrung.

Was ist das?

Laut Wiki haben 4 Prozent der Deutschen solch eine Erfahrung gemacht. Das sind gut 3 Millionen Menschen. „Von den Überlebenden eines Herzstillstands berichten zwischen 10 % und 20 % über mehr oder weniger deutliche Nahtoderfahrungen."

Sie schildern außerkörperliche Erlebnisse: Die Betroffenen haben das Gefühl, über ihrem Körper zu schweben und zu beobachten, was geschieht. Alternativ wird ein weißes grelles Licht gesehen. Es gibt sogar Kontakt zu Engeln oder Verstorbenen, die der Person zur „Rückkehr" raten, so dass darin letztlich der Überlebensgrund gesehen wird und nicht in der Reanimierung!

Gläubige folgern daraus: Es gibt ein Jenseits, das Weiterleben in menschlicher Gestalt, Gott, Engel, Wunder usw.!

Gegenargumente:

1. In der Schweiz gelang es Neurowissenschaftlern schon vor fast 20 Jahren mittels Stimulation bestimmter Hirnregionen außerkörperliche Wahrnehmungen auszulösen. Prof. Dr. Olaf Blanke dazu: „Nahtoderfahrungen sind Illusionen, erzeugt im Gehirn."

Die Welt titelte 2002: Außerkörperliche Wahrnehmung auf Knopfdruck!

Eine wissenschaftliche Sendung im ARD zeigte Mitte 2019 auch anhand von Kernspinaufnahmen des Schädels, wo genau man elektrisch stimulieren muss, um diese Zustände zu erzeugen: Man lege den Handballen aufs Ohr und die Finger nach schräg oben am Kopf an. Etwa da, wo sich die mittleren Fingerglieder befinden, ist diese sagenhafte Region, die uns, wie gesagt, bei Stimulation derselben, außerhalb unserer selbst erscheinen lässt.

2. Gerne wird mit dem Begriff „klinischer Tod" gearbeitet, das ist der Kreislaufstillstand, also der Ausfall des Herz-Kreislauf-Systems.

Wiederbelebung gelingt nicht in jedem Fall und entsprechende Maßnahmen funktionieren nur in einem Zeitfenster von wenigen Minuten, danach treten irreversible Schädigungen des Gehirns durch Sauerstoffmangel ein.

Ohne erfolgreiche Wiederbelebung oder maschinelle Aufrechterhaltung der Kreislauffunktionen tritt der Tod ein.

So: Der klinische Tod also ist noch nicht der endgültige Tod.

3. Und selbst bei vorliegendem „Hirntod", d.h. das EEG zeigt eine Nulllinie, gingen Wissenschaftler schon länger davon aus, dass im Hirn sich Bewusstseinsprozesse abspielen können, die nicht messbar sind, weshalb ein hirntoter Mensch nicht sofort als „tot" klassifiziert werden sollte!

Passenderweise meldet Spectrum der Wissenschaft jetzt, Februar 2022, dass es mit großem Aufwand gelungen ist, eine Korrelation zwischen schwachen Strömen in bestimmten Hirnregionen und zu 99 Prozent sicherem Wachzustand bei Komapatienten herzustellen.

4. Neurowissenschaftler haben in Tierversuchen und (erst) in einem Fall beim Menschen (hier verbietet sich das Herumexperimentieren und es lassen sich keine untersuchbaren Zustände schaffen, ohne gewaltige Risiken für den Patienten einzugehen) kurz VOR dem tatsächlichen Hirntod massivst gesteigerte Hirntätigkeit festgestellt, dies kann recht gut die seltsamen Erfahrungen der Betroffenen erklären.

Fazit: Es ist die typische Gemengelage von halbverstandenen Begriffen und Wunschdenken:
„Nahtod"-Erfahrungen sind, was der Name sagt, aber sie sind KEINE Todeserfahrungen – der Betreffende lebt ja jetzt noch und war also definitiv nicht „richtig" oder „gänzlich" tot!

Das Koma, in dem der Betreffende lag, war glücklicherweise früh genug reversibel, so dass er nicht gestorben ist.

Wenn der Betreffende hinterher lebt, kann er also das Jenseits nicht gesehen haben! Und ich weigere mich zu akzeptieren, dass man behauptet, dass man auch kurz VOR dem Tode schon „etwas" ins Jenseits hinüberblicken könnte. Entweder – oder!

Sonst müsste ja jeder, der bei einem schweren Knockout, einem entsprechenden Unfall oder einem schweren

Asthmaanfall ohnmächtig wird und daran sterben könnte, seine Nahtoderfahrung machen!

Was die Nahtod-Apologeten also wirklich meinen müssten, ist nach kurzem Totsein eine Auferstehung!

Und das ist absurd! Ein bisschen tot ist wie ein bisschen schwanger! Es geht halt nicht!

Die Lichter oder Träume, und das sollte man sich immer klarmachen, stammen aus einem lebenden Gehirn, das nicht einmal genug Sauerstoffmangel erlitten hat, um dauerhafte Schädigungen zu zeitigen, schließlich spricht der Überlebende hinterher ja sogar von seinen Erlebnissen!

Um Hannah Arendt zu zitieren, einfach mal „denken, auch wenn es wehtut"!

9

Aber wir brauchen doch die Werte als Orientierung!

Und wir benötigen angeblich auch die Kirche, denn sie tut so viel Gutes!

Von welchen Werten reden wir? Vom Hochhalten der Vorherrschaft des Mannes? Von der Sexualunterdrückung? Von den Verbrechen der Vatikanbank? Von der Tendenz, bestehende Verhältnisse und gesellschaftliche Zustände eher zu unterstützen, als Wandel zu fördern? Von der Neigung, die Leiden und Probleme des Hier und Jetzt zu missachten, um ein fiktives Leben nach dem Tode zu favorisieren? Von Hexenverbrennung? Von den Tränenströmen, die in den Dokumentationen fließen über katholische Kinder- oder Behindertenheime oder Schulen? Vom Missbrauch in der Kirche, der so universell ist, dass er ein integraler Bestandteil der Kirche zu sein scheint?

Schauen wir genauer hin! Die Kirche ist ein Unternehmen.[16] Auf ihren Banken häufen sich die Milliarden. In ihren Kindergärten, Schulen und Krankenhäusern wird unter Tarif bezahlt, weil der wahre Lohn ja im Jenseits erstattet wird. Wie krank ist das denn?

Und dann sind da erstaunlicherweise Prämissen, die Sex und Missbrauch ausdrücklich verbieten und anprangern,

....
16 Nach Wikipedia: Die kath. Kirche (und zugehörige Institutionen) nur in Deutschland kommen auf ein Vermögen von geschätzten 200 Milliarden Euro. Mit 8250 km² Grundeigentum ist die Kirche größter privater Grundbesitzer in Deutschland.

wobei jedoch der Missbrauch mit der feudalen Grundstruktur und dem Zölibat geradezu gezüchtet wird! Weiter will ich diesen Aspekt nicht ausdehnen, das haben andere in neuerer Zeit zur Genüge getan.

Die ach so hehren Werte sorgen dafür, dass geschiedene Lehrerinnen und Kindergärtnerinnen entlassen werden. In seltenen genialen Fällen kommen dann die betroffenen Bürger und Kommunen her und kündigen den Vertrag der Kirche, um einen eigenen Kindergarten zu eröffnen, damit die betroffenen Personen wieder beschäftigt werden können. Na also, geht doch!

Die katholische Kirche im Jahre 2022 als reine Männerveranstaltung ist ein Witz!

Besonders das Festhalten an der überkommenen Sexualmoral, Stichwort Keuschheit, Stichwort Verhütung, stellt in meinen Augen heute ein möglicherweise justiziables Verbrechen dar – und ich meine das ganz ernst, denn wir wissen doch, dass Sex zum Leben und zu einem gesunden Körper dazugehört. Das ist das Gegenteil von Sünde! **Auf Sex zu verzichten ist die eigentliche Sünde und nachteilig für Körper und Geist!**

Orgasmen schützen die Prostata vor Wucherungen und vor Krebs, sind gut für das Immunsystem und den Kreislauf. Menschen mit regelmäßigem Sex werden älter!

Ja, wir brauchen sicher Werte – aber neue!

Der kategorische Imperativ von Kant stellt eine Sonderform der Deontologie dar: **Eine** Regel, die ausreicht

(meiner bescheidenen Meinung nach), aber den Menschen zum Denken zwingt:
„Handle immer so, dass die Maxime deines Handelns allgemeines Gesetz werden kann."

Die Alltagsversion davon ist das Bekannte:
„Was du nicht willst, das man dir tu, das füg auch keinem anderen zu!"

Für mich war dies im Philosophieunterricht DAS Aha-Erlebnis, denn plötzlich war der liebe Gott außen vor und Moral entstand im Augenblick, im rationalen Reagieren auf eine Situation.

Konservative Denker natürlich beharren darauf, dass der Mensch mit dem Kategorischen Imperativ überfordert sei. Immer wieder nachdenken zu müssen!

Ach, wie anstrengend!

Also doch lieber her mit ein paar Geboten?

Nein! Moderne, fortschrittliche Philosophen betonen die Fähigkeit des Menschen zur Rationalität, also Situationen verstehen und werten zu können, ohne, wie ich ergänzen möchte, in die Fallen jahrtausendealter überkommener Normen zu geraten. Ja, es geht auch ohne Gott!

Dostojewski meint zwar in seinen Briefen: „Wenn es keinen Gott gibt, dann ist alles erlaubt."

Aber tut Fjodor nichts Böses, nur weil diese imaginäre Instanz GOTT es verbietet und nicht, weil er ein guter Mensch ist? Würde er als Atheist sich ausleben, morden, vergewaltigen, dem Nachbarn das Brot wegnehmen, mit 230 durch Innenstädte fahren und der Mülltrennung ade sagen? Was für ein armseliges Menschenbild!

Hier liegen schon gravierende Irrtümer vor!

1) Man braucht sich nur einen Moment vorzustellen, wie eine Welt aussähe, in der alle machten, was sie wollen und viele ihren niedrigsten Instinkten nachgäben, raubten, mordeten ...

Die Gesellschaft würde natürlich zusammenbrechen. Keiner würde mehr aus dem Haus gehen wollen. Terror würde herrschen. Und die Menschen würden das tun, was Hobbes im Leviathan beschreibt: Sich zusammentun, um eine Gemeinschaft zu bilden, die die Macht hat, den Einzelnen zu schützen, ein Gesellschaftssystem, in dem Gewalt, Mord, Verbrechen verboten sind und eine Art Bürgerwehr, um sich durchzusetzen. GOTT oder seine Gebote haben damit gar nichts zu tun!

2) Wie viele Menschen sind denn so angelegt, dass gerade Religion sie zurückhält vom Rauben, Morden, Vergewaltigen, Menschen Versklaven, Foltern usw.? (Ich verkneife mir hier, auch wenns schwerfällt, die Fragestellung, wie viele Menschen von Religion zu genau dem angestachelt wurden oder werden.)

Es ist doch eher so: Entweder sind bestimmte Individuen grundsätzlich unmoralisch eingestellt und denken nur an sich, dann nutzen sie jede Lücke, jede sich bietende Möglichkeit aus, ihr Ding zu machen, sich einen Vorteil zu verschaffen, sich auszuleben. Oder sie haben in der

Sozialisation eine positive moralische Grundeinstellung erworben.

Der Wirbelsturm Katrina hat gezeigt, dass es da eine deutliche Minderheit von Leuten gab, die das Gebot, du sollst nicht stehlen, garantiert kannten (Louisiana!), aber sobald sich die Chance bot, in den überfluteten Stadtteilen Geschäfte und Wohnhäuser zu plündern, sprangen sie in die Boote und legten los, nur behindert von der Polizei, die scharf schoss. Die Mehrheit hat sich vernünftig benommen.

Ein soziales System mit Menschen, wie wir sie heute haben, mit der Erziehung, die aktuell stattfindet, mit Gewaltverherrlichung in TV und irren Computerspielen und Politikern, die keine Vision von einer besseren Welt mehr haben, benötigt zwingend entsprechende Gesetze und eine Polizei, die den inneren Frieden garantiert.

3) Man sollte sich natürlich wünschen, dass Menschen nicht nur nicht „schlecht" handeln, sondern ausgesprochen altruistisch!

Und, das ist die gute Nachricht, viele tun das ja. Kaum hat der Krieg in der Ukraine begonnen, organisieren unzählige private Initiativen Versorgungsfahrten mit Medikamenten, Nahrung, Kleidung! Ein alter Ukrainer, zu alt für den Wehrdienst, versorgt die Flüchtlinge an der Grenze mit Suppe ...

Warum helfen die Helfer? Warum überhaupt gehen die meisten Menschen freundlich miteinander um?

Altruistisch sein bedeutet, man schenkt jemandem ein paar Euro, wodurch man selber weniger Geld hat. Man hilft jemandem über die Straße, obwohl man selber Zeit verliert. Man hat dabei oft nicht einmal den Gewinn eines freundlichen Lächelns, weil es Zeitgenossen gibt, die es als Selbstverständlichkeit ansehen, dass ihnen geholfen wird und im Grunde haben sie da auch recht! Altruistisch sein bedeutet also, dass ich verliere?

Wo liegt der Vorteil des Altruismus?

Van Vugt, ein niederländischer Evolutionspsychologe, ja, so was gibts, schlug vor, Altruismus zu sehen als Wettbewerbsvorteil zwischen den Individuen einer Gruppe. „Altruistisches Verhalten verschafft dem Handelnden unter dieser Annahme direkte, langfristige Vorteile wie Prestigegewinn und höheren sozialen Status, indem dieser auf seine Ressourcen oder positiven Charaktereigenschaften hinweisen kann. Die Brücke zu Darwin wird über die damit gestiegenen ‚Paarungschancen‘ geschlagen.“

Vielleicht muss man nicht so weit greifen: Seit ich in meinem kleinen Lebensmittelladen beim Bäcker gesehen habe, dass die Verkäuferinnen schon mal zu jemandem, der verzweifelt in seinem Portmonee nach den restlichen zwei Cent kramt, sagen: „Ist schon gut“, und die Ware aushändigen, runde ich krumme Beträge wie 98 Cent nach oben auf, denn nur so baut sich ein Überschuss in der Kasse auf, der verhindert, dass die nette Verkäuferin am Ende des Tages zuzahlen muss. Auch ich habe schon davon profitiert.

Es ist einfachste Küchenphilosophie, die Umkehrung des guten alten Spruches „Was du nicht willst ...“: Und was ich WILL, dass man mir tue, sollte ich selber anderen angedeihen lassen!

Natürlich bekomme ich von einem Fremden nicht direkt etwas zurück, wenn ich ihn mit meinem Handy telefonieren lasse. Diesen Fremden sehe ich wahrscheinlich nie wieder. Aber mich lässt wahrscheinlich ein anderer im Notfall telefonieren!

Man bräuchte, wie ich an anderer Stelle schon vor 20 Jahren geschrieben habe, „Lebensphilosophie" in der Schule! Nicht Religion, nicht Angst, nicht Gebote und Todsünden – Rationalität ist gefragt!

10

Gott: Einer für Alle, Alle für Einen

Wir glauben doch alle an den gleichen Gott!

Wie oft muss ich diesen dummen Satz noch hören? Gemeint ist wohl: Es gibt ja so viele religiöse Menschen und so viele verschiedene Religionen, aber der Angebetete, mag er auch immer anders heißen, ist jeweils derselbe und, naja, wenn ich nur irgendwas glaube, wird's schon richtig sein!

Aber dem ist ganz und gar nicht so! Dazu widersprechen sich die Religionen zu sehr und selbst im Alten Testament spricht „Gott" zunächst von sich als einem unter mehreren!

Im Dekalog finden wir:
Ex20,3 Du sollst neben mir keine anderen Götter haben.
Ex20,5 Du sollst dich nicht vor anderen Göttern niederwerfen und dich nicht verpflichten, ihnen zu dienen. Denn ich, der Herr, dein Gott, bin ein eifersüchtiger Gott.

Ausdrücklich weist ER selber auf die anderen Götter hin, denen man sich verpflichten könnte, ER will aber allein angebetet werden!

Genau hier findet sich die Schnittstelle der Entwicklung von einer polytheistischen Religion zu einer monotheistischen. Fein. Aber welchen WERT hat das Gesagte über eine historische Erkenntnis hinaus?

Ganz einfach, denn wie weiter schon mehrfach plattgetreten: Wenn es sich um eine historische, eine ideengeschichtliche Entwicklung handelt, also Menschen alte Ideen aufgegeben und unter dem massiven Druck gewandelter Realitäten (hier die Übergänge von einer halbnomadischen Lebensweise zur Sesshaftigkeit und von Bronze zur Eisenzeit) neue Vorstellungen entwickelt haben, ist „Gott" eine Kopfgeburt, ein Produkt der Menschen. Nicht Gott hat den Menschen erschaffen, sondern umgekehrt.

Wer hier mit dem „Wert" von „Offenbarungen" argumentiert und behauptet, Religion sei durch „Heilige" und „Propheten" von Gott „gegeben" worden, sei auf all die anderen Fakten drumherum verwiesen, die eine andere Sprache sprechen.

Und überhaupt: Nur die Propheten der eigenen Religion, die mir in den Kram passen, haben natürlich Recht, oder? Alle anderen oder aus anderen Kulturkreisen nicht?

Weiter! Sesshaftigkeit bringt Vorteile: Die Menschen können mehr und effizientere Energie für die Nahrungsgewinnung einsetzen, sie wohnen bequemer, sie können mehr Besitztum sammeln und lagern, mehr Hausrat, Töpfe, Werkzeuge! All das wirkt sich auf Gesundheit und Langlebigkeit aus. Männer und Frauen werden älter, die Frauen können mehr Kinder bekommen und plötzlich muss Besitzstand gewahrt werden.

Dass eine Frau mit jemand anderem als ihrem Partner schläft und möglicherweise ein erbberechtigtes Kind bekommt, würde zu einer ungewünschten Teilung des

Wohlstandes führen. Zack, schon kommen Priester her, die den Wert von Eigentum betonen und außerehelichen Verkehr verbieten und behaupten Frauen seien unrein, „Keuschheit" dagegen wünschenswert!

Und dummerweise soll JHWH ja auch die Welt erschaffen haben, doch das nehmen ja nun weltweit „führende" Gottheiten für sich in Anspruch. Aber: Es kann nur einen geben. Von Teamarbeit ist nirgendwo die Rede!

Im späteren Christentum schließlich sind die anderen Götter verschwunden, sie tauchen nur noch als Götzenbilder auf, die nicht „echt" sind.

Gottes „Geist" wird an wenigen Stellen des Alten und an etwa hundert Stellen des Neuen Testaments erwähnt, aber statt hier einen abgespaltenen Teil Gottes mit einem gewissen Eigenleben zu postulieren, sollte man besser davon ausgehen, dass die Verfasser des Bibeltextes mit „Geist" die Gedanken, das Denken, das Interesse Gottes meinten, so wie wir sagen, „Einstein war ein großer Geist" oder „sein Geist beschäftigte sich mit Raum und Zeit". Wir müssen es nicht, ja, wir dürfen es nicht komplizierter machen, als es ist.

Im Neuen Testament tritt noch Gottes Sohn hinzu, im Alten Testament gibt es ihn nicht.

Sehr aufschlussreich ist die erste Nennung aller drei Glieder der Trinität gemeinsam in einer Taufformel etwa 100 NACH Christus und eine regelrechte Trinitätslehre, wie sie heute gelten soll, wurde sogar erst etwa 300 bis 700 nach Christus diskutiert und entwickelt.

Juden und Muslime sind diesen Weg interessanterweise nicht gegangen, hier gilt Jesus nur als Prophet, nicht als Sohn Gottes.

Um es anders zu sagen: Auch die Dreifaltigkeit ist eine Erfindung und ihre Herstellung und Definition hat hunderte von Jahren und einige Konzile und Hinrichtungen von Häretikern gekostet.

Wie stehen wir nun da? Die Christen verehren einen schwer vorstellbaren „dreifaltigen" Gott, die Juden und Muslime mehr oder weniger den „einen" Gott des Alten Testaments, der Hinduismus aber hat gleich ein paar Tausend Götter, darunter so prächtige Erfindungen wie den vielarmigen Shiwa oder den elefantenköpfigen Ganesh. Der Buddhismus tanzt faszinierenderweise völlig aus der Reihe und verzichtet auf eine personelle Gottheit, Buddha ist nur ein Lehrer, ein Prophet.

Damit nicht genug, finden sich wesentlichen Unterschiede jeweils in der Erwartung des Jenseits, des Lebens nach dem Tode: Hinduistischer und buddhistischer Lehre zufolge gibt es das abstrakte Samsara, den Kreislauf der (lästigen) Wiedergeburten, und schlussendlich eine Erlösung vom Kreislauf und vom „Selbst", das Nirwana! Laut Judentum, Christentum und Islam jedoch erwartet uns eine ewige Weiterexistenz nach dem Tod. Beides aber schließt sich gegenseitig aus.

Wäre ich durch Zufall in eine Hindufamilie hineingeboren worden, hätte ich für die Vorstellung, es gebe nur einen Gott, wenig Verständnis.

Als Buddhist würde ich jegliche Gottheit ablehnen, als Christ schmunzle ich möglicherweise über eine riesige Götterfamilie im Hinduhimmel!

So ist ein jeder in seinem persönlichen Wahn gefangen, die einzig seligmachende Wahrheit zu besitzen und so belügen sich alle gleichermaßen. Es ist und bleibt faszinierend, wie Milliarden Gläubige ihre Ignoranz zur Kunstform erheben!

11. 1

Monotheismus, Entstehung des

Ein Grund zu glauben, erwächst für viele aus der Tatsache, dass sie der Überlieferung, also der Bibel, blind vertrauen. Ein großer Fehler! Deshalb kümmern wir uns hier zunächst um das Alte Testament und die Frage, wie der Monotheismus entstanden ist. Monotheismus und Christentum sind ja recht neue Ideen in der Menschheitsgeschichte.

Frühzeitliche Naturvölker verehrten die Sonne, das Meer, Flüsse, Wind, Bäume, mächtige Tiere, bis diese enorme Diversifizierung unpraktisch wurde und ideengeschichtlich nicht mehr zur Realität passte. Denn wie kann man ernsthaft Tiere verehren, wenn man durch Bejagung für ihre Dezimierung sorgt?

Wie kann man einen Fluss verehren, wenn man Teile von ihm aufstaut oder abzweigt zwecks Bewässerung? Denken wir doch mal daran, dass die Pharaonen vor etwa 4000 Jahren schon eine Art Suez-Kanal gegraben hatten! Oder nehmen wir Mykene, wo man den Lakissa vor 3000 Jahren umleitete.

Wie kann man den Wind noch als solchen verehren, wenn man ihn nutzt beim Segeln oder Worfeln oder durch Windmühlen. Die ersten Windmühlen sind vor etwa 4000 Jahren errichtet worden.

Wie kann man die Sonne noch als Wesenheit, als Gott verehren, wenn man ihre Bahn minutiös voraussagen kann? Schier unglaublich: Schon 200 vor Christus ist der berühmte Mechanismus von Antikythera gebaut worden, eine präzise astronomische Uhr als Modell für die Bewegungen von Sonne und Mond. Und Stonehenge ist immerhin 5000 Jahre alt.

WIR haben es – im Vergleich dazu – mittlerweile geschafft, die größte Maschine der Menschheit zu bauen, Cern, einen Teilchenbeschleuniger mit 30 km Umfang: sozusagen den Nussknacker für die letzten Rätsel des Kosmos. Und damit haben WIR mittlerweile Antimaterie hergestellt und Untersuchungen zu dunkler Materie begonnen. Die SF-Literatur meiner Jugend ist Wirklichkeit geworden, die Zukunft kann kommen.

Wie kann man das Feuer verehren, wenn man es selber als Schmied oder Metallurg mit exakter Temperaturführung nutzt, um Waffen zu schaffen? Das begann mit der sogenannten Kupferzeit etwa im 6. Jahrtausend v. Chr. in Mesopotamien und Südosteuropa.

Und: Kann man sich nun göttliches Feuer ohne einen Willen vorstellen und einen Willen ohne eine Person, die dahintersteht. Nicht wirklich.

So entstehen bei den Sumerern, Ägyptern, Babyloniern, Griechen durch Personifizierung menschengestaltige Götter. Bei den Griechen etwa Poseidon, der Gott des Meeres, Hephaistos (der Schmied), der Gott der Vulkane, Ares als Gott des Krieges usw., Figuren also, die der Mensch sich nach seinem Vorbild erschaffen hat!

Diese hatten auch den Vorteil, dass man sie in einen Tempel sperren und dort anbeten konnte. Wie ungemein praktisch in so vielerlei Hinsicht!

Und die Evolution geht weiter: Bei wachsendem Weltwissen, steigendem Wohlstand, vermehrter Nutzung, ja Plünderung der Natur werden die ausufernden Göttersagen, die oft perversen Familienepen mit Inzest, Mord und Totschlag, immer unwahrscheinlicher.

Ein Konzentrationsprozess, eine Reduktion auf weniger aber mächtigere – allmächtige Götter setzt ein.

Aber noch mal einen Schritt zurück. Mit der Erfindung der Schrift war es den Sumerern als ersten möglich, ihre Gedanken zur Götterwelt aufzuzeichnen.

Die Schöpfung stellten sie sich so vor: Im ersten Schöpfungsakt wurde von der Göttin Nammu (als Urmeer) die Erdgöttin Uraš und der Himmelsgott An erschaffen.

Es folgten Vegetations- und Luftgott Enlil, der, Achtung(!), den Himmel von der Erde trennt, und seine Frau Ninlil sowie eine Vielzahl an Gottheiten, wie Mondgott, Sonnengott, Unterweltsgott, Kriegsgott.

Neben den Schöpfergottheiten gibt es die mächtigen drei Himmelsgottheiten Nanna, Utu und Inanna. Der Gott Enki nun veranlasst seine Kolleginnen Nammu und Ninmach, den Menschen nach dem Abbild der Götter zu schaffen - und woraus? Natürlich Lehm, wie später bei Yahwe. Wahrscheinlich hatten die alle den gleichen VHS Kurs Töpfern mitgemacht.

Die Götter, die vorher selber arbeiten mussten, können sich endlich ausruhen, da die Menschen nun für sie schuften. Enkis Idee wird von den anderen Göttern gefeiert und er trinkt mit Ninmah ein paar Bier und schon kommen die beiden angesäuselt auf die Idee, einen Wettstreit auszutragen: Eine Gottheit erschafft ein Wesen und die andere bestimmt seine gesellschaftliche Rolle.

Eine fiese Geschichte. Enki gewinnt technisch gesehen mit einem höchst bedauernswerten Geschöpf, das nichts tun kann, Ninmah ist böse und verbannt ihn. Das Wesentliche für uns: Enki sagt zu Ninmah, er habe ihren Menschen ein Schicksal zugewiesen und „ich habe ihnen ihr tägliches Brot gegeben." Wir sehen also, wo die Evangelisten abgeschrieben haben.

Eine weitere Besonderheit: Die Göttin der Unterwelt tötet Innana! Aber nach drei Tagen steht sie wieder von den Toten auf! Kein Kommentar!

Auch die Babylonier haben ihren Beitrag zur Formung der späteren jüdischen-christlichen Religion geleistet:

Marduk, Babylons Stadtgott, wird wegen der Flut von den anderen Göttern um Hilfe gebeten und nachdem er Tiamat (die Meeresgöttin) erschlagen hat, hebt er seinen Bogen zum Zeichen des Sieges hoch an den Himmel als Sternen-Formation zum Andenken an seine Heldentat.

Und was unternimmt JHWH-Elohim nach der Sintflut? Er setzt den Regenbogen als Zeichen des Wohlwollens an den Himmel.

Überhaupt gab es rege Bewegungen im Götterhimmel. Die Götter mussten schon recht flexibel sein und flott auf Stellenausschreibungen reagieren: Marduk steigt auf und der bisherige oberste Gott des Pantheons, Enlil, wird in einen mittleren Himmel versetzt. Sinn des Ganzen: Nun kann Babylon den Platz von Enlils Stadt Nippur als religiöses Zentrum Babyloniens einnehmen – wir sehen, das hat mit Religion und Glauben kaum etwas zu tun, es geht nur um Machtpolitik und Selbstrechtfertigung.

Oftmals wurden die Namen der alten Götter auch durch neue ersetzt oder mehrere verschmelzen zu einem! Damit existierten im bronzezeitlichen Vorderen Orient eine irritierende Vielzahl von Göttern und diverse ähnliche Schöpfungsgeschichten.

Man könnte sich nun fragen, warum es zu so einer religiösen Diversifizierung kam. Die Antwort ist einfach: Religion ist ein historisches, soziologisches und poetisches Phänomen und kein theologisches!

In einzelnen Regionen erzählen die verschiedenen Bevölkerungsschichten IHRE in ihr Leben passenden Geschichten.

Man sollte sich auch vor Augen führen, dass es damals keine weitere Unterhaltung gab außer ein paar Volksliedern, Tänzen und Helden- und Göttersagen und was Frau Koslowski von nebenan auf dem Markt gehört hat.

Die Abende konnten schon lang werden, wenn da niemand war, der geschickt und spannend von den schalkhaften Taten des Gottes Enki oder aus dem fantastischen Leben des Überhelden Gilgamesch berichtete.

Bis heute wird Gilgamesch literarisch verarbeitet (Beispiele: bei R. Zelazny und P.J. Farmer).

Man muss hier vier wichtige Faktoren im Auge haben:
- die Vielfalt an Landschaften im vorderen Orient, mit immer anderen Lebensbedingungen, Wüsten, fruchtbaren Ebenen, Bergen, Seen, Küsten
- die Wanderungen ganzer Völker
- die Entwicklung vom nomadisierenden Leben zum sesshaften sowie vom Jäger- und Sammlertum zu Ackerbau und Viehzucht und
- die Entwicklung von der Steinzeit zur Bronze- und Eisenzeit

Neue Lebensbedingungen erzeugen neue Erzählungen.

11.2

Jahwe, Karriere eines Gottes

Die steinzeitlichen Jäger und Sammler waren, manchen Forschern zufolge, matriarchalisch organisiert und hatten ihre Muttergottheiten, die in den bekannten, - na, seien wir mal höflich, ich habe selber Übergewicht - „drallen" Frauenfigurinen verherrlicht wurden.

Im Falle der „Göttin auf dem Leopardenthron" (Çatalhöyük, 8. Jahrtausend v. Chr.) scheint dies gut nachvollziehbar, in anderen Fällen wissen wir einfach nicht, welche Stellung und Funktion genau diese „Göttinnen" innehatten.

Die neueste archäologische Forschung zeigt außerdem passenderweise, dass in der Steinzeit Mädchen noch als den Jungen gleichwertig angesehen wurden! So kennen wir nun mehrere Gräber, in denen weibliche Babys mit reichen Beigaben, verzierter Kleidung usw. beigesetzt worden sind. Die Abwertung und Unterdrückung der Frau und der Sexualität kam erst mit Sesshaftigkeit und Ackerbau und Viehzucht. Der Prozess des schrittweisen Sesshaftwerdens und der Wandel zur Bearbeitung von Landflächen und Haltung von Tieren brachte automatisch Eigentum, Herden, Behausungen, Grundbesitz mit sich und begünstigte (mit Ausnahmen auf der ganzen Welt) patriarchale Gesellschaften, die die Weitergabe des Besitzes, das Vererben, mithin das Sexual- und Paarungsverhalten der Frauen kontrollieren wollten. Das traurige Ende des Ganzen ist die bis heute weithin geltende Ideologie, Sex sei Sünde, sei schmutzig und Frauen seien dem Mann untergeordnet. Bei diesem weitverbreiteten Quatsch mit dem Stichwort Unreinheit man muss wohl schlussfolgern, dass man im Vorderen Orient damals ganz schön Angst vor der Sexualität der Frau und der Menstruation hatte.

Liest man nun diverse Aufsätze, Bücher und Artikel zur Herkunft Jahwes[17] quer, ergibt sich folgendes Bild:

Mitte des zweiten Jahrtausends v. Chr. hatten in Vorderasien viele Volksstämme und Nomadengruppen ihre ganz persönlichen Schutzgötter, u. A. „Jahwe".

Jahwe oder in Kurzform jw, jh, jhw, jhh und hjw finden sich über Jahrhunderte hinweg und in verschiedensten Ländern.

Es ist unklar, wo genau die Vorväter der Israeliten ihn mitgenommen haben. Er hat entweder als Berggott oder als Wettergott mindestens einer Gruppierung so gut gefallen, dass sie ihn „adoptiert" haben.

Die Form des Wettergottes ist plausibel, weil älteste Loblieder ihn als Bezwinger der Fluten preisen und ihm mächtige Waffen zuschreiben: Donner, Blitz und Hagel.

In Kanaan wurde Jahwe interessanterweise zunächst dem kanaanäischen Hauptgott El unterstellt, später aber mit ihm identifiziert.

. . . .

17 Reinhard Müller: Jahwe als Wettergott, Beiheft zur Zeitschrift für die alttestamentliche Wissenschaft, Bd 387, 20.10. 2008
Bernhard Lang: Jahwe, der biblische Gott: ein Porträt, C.H.Beck, 2002
Martina Döhrin: Wer ist (wie) Jahwe?: Warum der Gott der Juden und Christen als Wolke auftrat, 2014

Jahwe übernahm also Els Rolle als mächtigster Gott, um dann noch später als einziger Gott zu gelten, dem auch Schöpferfunktion und Allmacht zugeschrieben wurden.

Um aus dem zornigen, blutdurstigen Jahwe den heutigen dreifaltigen, angeblich liebenden Gott zu machen, treten Jesus und der hl. Geist hinzu - Jesus, der Gott (den Evangelien zufolge) an diversen Stellen seinen Vater nennt.

Problem: Die Evangelien sind genauso ein Stück Dichtkunst wie das AT, niedergeschrieben Jahrzehnte nach Jesus´ Tod, von Personen, die ihn nicht gekannt hatten, die sich dafür ersatzweise hemmungslos bei antiken Vorlagen anderer Völker bedienten.

Der „Heilige Geist" taucht im Alten Testament nur an wenigen Stellen als „Gottes Geist" auf. Einen Sohn hat Gott im Alten Testament nicht.

Etwa einhundert Mal wird der „Geist" im Neuen Testament genannt. Was das im Einzelnen in verschiedenen Sprachen zu verschiedenen Zeiten inhaltlich bedeutet haben könnte, wird bei praktisch jeder Textstelle zu einem eigenen Studiengebiet.

Wie schon auf Seite 80 angesprochen, steht zu bezweifeln, dass die Verfasser der Bibel einen abgesonderten Teil Gottes, einen eigenständigen „Geist" gemeint haben.

Liest man diese Textstellen nach, wird einem klar: Höchstwahrscheinlich geht es immer nur um die Persönlichkeit, das Wollen Gottes, seine Gedanken, die hier im Fokus stehen.

Für uns aufschlussreich aber wird die verbürgte erste Nennung aller drei Glieder der Trinität gemeinsam in einer Taufformel etwa 100 NACH Christus und eine regelrechte Trinitätslehre, wie wir sie kennen, wurde sogar erst etwa 300 bis 700 nach Christus diskutiert und entwickelt.

Das komplizierte Bild eines dreifaltigen Gottes, das man mir nicht verständlich erklären kann, entstand also eigentlich durch zu verbissenes Nachdenken von zu vielen Generationen neurotischer Religionsanhänger darüber, ob man denn nun diesem so furchtbar großen Gott in wirklich allen Details gerecht wurde!

Die Juden und Muslime sind diesen Weg interessanterweise nicht gegangen, hier gilt Jesus halt nur als Prophet, nicht als Sohn Gottes.

Um es anders zu sagen: Auch die Dreifaltigkeit ist eine Erfindung und ihre Herstellung und Definition hat gut 1500 Jahre und einige Konzile und Hinrichtungen von Häretikern gekostet.

12.1

Kreuzestod und Erlösung

Wie man es auch betrachtet: So recht einen Sinn macht Jesus´ Kreuzestod nach gesundem Menschenverstand nicht. Hat er doch damit die in ihn gesetzte Erwartung „befreit" zu werden enttäuscht. Er hat versagt – und zwar total, wenn man das endgültige Unterliegen der Juden und die folgende Zerstörung Jerusalems bedenkt.

Und wie passt das überhaupt zusammen mit einer der Kernaussagen der christlichen Religion: Gott hat seinen eigenen Sohn geopfert, um uns zu „retten"! Das hat ja nun alles gar nichts miteinander zu tun! Hier das End-zeitdenken vor 2000 Jahren – dort aber gleichzeitig (?) die Erbsünde, von der wir befreit werden müssen?

Da haben die Christen sich mühevoll etwas zurechtge-bastelt, das andere Religionen, Judentum und Islam, nicht mitmachen! Wikipedia dazu: „Augustinus entwickel-te im 4. und 5. Jahrhundert die … Erbsündenlehre. Jeder Mensch ist nach dieser Lehre seit dem Sündenfall von seiner Zeugung an mit einem Makel behaftet, der unter anderem zur Trennung von Gott im Leben und im Tod führt oder die Neigung zur Sünde (Konkupiszenz) be-wirkt. Der Mensch wird nach dieser Lehre vom Makel der Erbsünde durch die Kraft der Taufe, die der Heilstat Jesu Christi am Kreuz entspringt, gereinigt und dadurch in die volle Gemeinschaft mit Gott aufgenommen."

Das ist auch bei Augustinus wieder nur einer dieser ty-pisch geistigen Kurzschlüsse von Christen, so wie bei

Mariä Himmelfahrt – ihr Tod hatte in der Bibel keinen Platz gefunden, er wird nicht erwähnt, also muss sie einen Expresslift in den Himmel bekommen haben.

Interessant und entlarvend, was wir über sein Leben wissen: Der christliche *Glaube* ist für ihn die *Grundlage der Erkenntnis*: Crede, ut intelligas - glaube, damit du erkennst. Das ist das genaue Gegenteil von Ockhams Rasiermesser. Irrationaler und willkürlicher geht's kaum. Man kann es auch einfach verrückt nennen!

Dieser Rückzug aus der Realität in die Religiosität ist offensichtlich das Ergebnis schwerer Depressionen und moralischen Fehlverhaltens in der ersten Hälfte seines Lebens. So hatte er zunächst 15 Jahre lang ein uneheliches Verhältnis mit einer Frau aus Karthago, daraus stammt ein 372 geborener Sohn.

382 zog er nach Italien, 385 kam die Mutter nach und er entschied sich der Kirche beizutreten. Seine Mutter hatte für ihn eine standesgemäße Verlobung mit einem minderjährigen christlichen Mädchen aus wohlhabender Familie arrangiert. Er trennte sich von seiner Lebensabschnittsgefährtin, die nach Nordafrika zurückkehrte! Was wurde aus ihr und dem Sohn?

Und: Bis zur Heiratsfähigkeit der Verlobten lebte er zwei Jahre lang mit einer anderen Frau zusammen.

386 aber hatte Augustinus das, was wir einen Nervenzusammenbruch nennen würden, er war dadurch nicht mehr arbeitsfähig. Am 15. August 386 hatte er eine Art „Bekehrungserlebnis": Eine „Stimme" sagte ihm, er solle die Bibel lesen. In der Folge wollte er angeblich auf Ehe,

Geschlechtsverkehr und Beruf verzichten und ein kontemplatives Leben führen. Auf den Beruf hat er ja dann doch nicht verzichtet: 391 Priesterweihe, 394 Weihe zum Auxiliarbischof, 396 Bischof von Hippo!

Augustinus kann sich seinerseits auf die Bibel berufen, mit ihren zahlreichen Textstellen, die zeigen, dass die größte Sorge der Autoren war, dass jemand zuviel Spaß am Sex haben könnte. Sex oder auch die Menstruation führen zur „Unreinheit", die entweder von selber vorübergeht oder aktiv bekämpft werden muss.

Und er kann sich auf Paulus berufen. Dieser Paulus, der Jesus nicht kannte und von Petrus nichts wissen wollte, drückte dem Ur-Christentum seine leibfeindliche Einstellung auf. Etwas, worunter wir heute noch leiden. Paulus mit seinen verdrehten, kranken Vorstellungen und durch (möglicherweise) Epilepsie hervorgerufenen Visionen ist derjenige, der die Grundlagen dafür gelegt hat, dass die katholische Kirche heute so aussieht, wie sie aussieht und dass so viel Quark, soviel Mystik dazugehört.

Durch seine Sündentheologie hat er dafür gesorgt, dass Millionen Menschen sich vorstellen oder vorgestellt haben, wir Menschen seien alle von Geburt an sündig durch Eva und Adams Sündenfall. Er hat frauenfeindliche, rückschrittliche Vorstellungen durchgesetzt. So meint er:

Die Frau ist lediglich ein Abglanz des Mannes... sie stammt vom Mann... sie wurde um des Mannes willen geschaffen (1 Kor 11, 7-9)

Die Frauen sollen sich unterordnen und in der Gemeinde schweigen. (1 Kor 14, 34)

Ein Weib soll in der Stille mit aller Untertänigkeit lernen. Ihr ist nicht gestattet, dass sie lehre und des Mannes Herr sei, sondern stille sei (1 Tim 2,11-12)

Ein Mann möge keine Frau berühren. Wegen der Gefahr der Unzucht soll aber jeder seine Frau haben (1 Kor 7, 1)

Nicht die Frau verfügt über ihren Leib, sondern der Mann (1 Kor 7,4)

Ich wünschte, alle Menschen wären unverheiratet, wie ich (1 Kor 7, 7)

Wer eine Frau hat soll sich in Zukunft so verhalten, als habe er keine (1 Kor 7, 29)

Ich weiß, dass in meinem Fleisch nichts Gutes wohnt (Röm 7, 18).

Das hätte als neurotisch-psychotisch behandelt werden oder wenigstens als Vollquark abgelehnt und verlacht werden müssen, stattdessen verkaufte er seine Macken höchst erfolgreich dem kompletten Abendland. Allerdings muss man zugeben, dass Paulus selber sich teilweise auf die überlieferten Worte der Bergpredigt stützen kann, denn Jesus hat sich in der Bergpredigt auch sexual- und frauenfeindlich geäußert: „Wer eine Frau auch nur lüstern ansieht,"... „Wenn dich dein rechtes Auge zum Bösen verführt, dann reiß es aus" … „wenn dich deine rechte Hand zum Bösen verführt," …

Es ist einem reinen Abstumpfungs- und Gewöhnungseffekt geschuldet, dass Millionen Christen, denen das eigene Denken abtrainiert worden ist, eine verlogene Religion akzeptieren, die sie zu „Sündern von Natur aus" erklärt und Sexualität zur Sünde umdefiniert, während Sex in Wirklichkeit ein Quell der Freude und Gesundheit ist.

Und die Christenheit lässt sich permanent mit dem grausamen Symbol des Kreuzestodes konfrontieren, weil es angeblich irgendeine obskure „Erlösung" bedeutet.

Der Paradies- und Adam und Eva-Quatsch gehört zum Müll, genau wie die Erbsünde, die Sintflut, der rächende Gott Jahwe, der sich seine Israeliten ausgesucht hatte, die Gebote, usw.! Und es bleibt dabei, Spuren von Jesus gibt es kaum – und schon gar keine, die Heiligkeit oder Göttlichkeit bezeugen.

Es verblüfft und erschreckt, wie sehr sich die „religiösen" Menschen von der Wirklichkeit und von der Rationalität entfernt haben.

12.2

Schuld und Sühne

Nochmal zurück zur „Schuld", zur Erbsünde. Was mich schon lange fasziniert, ist die Tatsache, dass eine Mehrheit der Deutschen keine Kollektivschuld am Holocaust erkennen kann. Das sei doch lange her und habe mit uns nichts mehr zu tun! Ach ja? Also, wenn ich aktuelle Bilder von Neonazi-Aufmärschen sehe, wird mir ganz anders! Nationalsozialismus und Holocaust sind doch nie wirklich aufgearbeitet worden, die Mehrzahl der Schuldigen ist nicht zur Rechenschaft gezogen worden und als Beate Klarsfeld Kiesinger ohrfeigte, waren meine Eltern entsetzt. Und nun ist es soweit, es gibt wieder Anschläge auf Farbige, auf Juden, auf Synagogen! Überhaupt sind der alltägliche Faschismus, z.B. Schwarz-Weiß-Denken, moralischer Rigorismus, das Strafen, das Zeigen mit dem Finger, der Mangel an Toleranz, der Glaube besser zu sein als andere etwas so typisch Deutsches!

Im „Herr der Fliegen" wird als ein Faschismus-Aspekt das übermäßige Vorschriften Erlassen angeprangert, um Opfer zum Bestrafen zu finden! Und schau: Was ist in Deutschland alles nicht erlaubt! Was ist alles vorgeschrieben! Was verfolgt die Staatsanwaltschaft und was nicht? Das liberalere Ausland ringsum sieht vieles lockerer. Wohnt man an der Grenze, geht man ein paar Meter und alles ist anders, von der Rentenaltersgrenze über die Höhe der Renten bis zu der Art, wie man von als Hilfeempfänger von Ämtern behandelt wird, wie man in Leichtbauweise bauen darf und was man in bestimmten Läden kaufen kann usw. usf.. Und im Übrigen ist statistisch nachgewiesen, dass in 13 anderen Ländern (gerade auch in den Nachbarländern!) die Menschen glücklicher sind als hier in Deutschland. Das sollte doch nachdenklich stimmen! Meine Theorie dazu: Viele Gläubige finden es normal unglücklich zu sein – fühlen die sich alle irgendwie schuldig? Egal, dafür kommen sie ja hinterher in den Himmel!

Jedenfalls passt so ein unsinniges Gedankenkonstrukt wie die Erbsünde, basierend auf uralten Vorstellungen von einem Rachegott, ganz gut ins System und wird widerspruchslos hingenommen.

Ach, schau an! Adam kostet von einer verbotenen Frucht und wir sind ALLE dran. Er hat durch eine Tat sozusagen für alle und immer und ewig bewiesen, dass Menschen einfach Sünder sind. Das ist schon mal starker Tobak. Als Lehrer kann ich auch nicht herkommen und die ganze Klasse zum Nachsitzen verdammen, wenn einer Mist gemacht hat.

Noch weniger kann ich 25 Jahre später seine Kinder nachsitzen lassen, mit der Begründung: „Ihr wisst schon, euer Vater hat ja damals ..." Das würde niemand akzeptieren. Hier aber im völlig abgehobenen Bereich von Religion geht wohl alles.

Und statt als gütiger Gott nach Jahrhunderten oder Jahrtausenden zu sagen: „Komm, ist gut, ich verzeihe dir/euch!", kommt es noch schlimmer: Er will ein Opfer, und nicht wie bei Abraham nur ein Tieropfer, er will seinen eigenen **Sohn**, so sollen wir ja glauben, am Kreuz hängen und tagelang leiden und sterben sehen! Mich schaudert! Mir wird übel!

Wir geben Kindern nicht mal einen Klaps und unsere er-
wachsenen Sprösslinge würden wir auch keinen Szena-
rien aussetzen, die zu ihrem Tode führen könnten. Allein
bei dem Gedanken daran sträuben sich einem die Haare!
Wo kommen diese Vorstellungen nur her?"

Ja, natürlich, aus der finstersten Stein- und Bronzezeit!
Es ist eben immer noch der rachsüchtige Gott aus dem
Alten Testament. Und das Ganze ist und bleibt eine wi-
derwärtige Religion des Leidens, nichts anderes: Die Ur-
suppe für das Aufleben von Masochismus, Sadismus,
Geißelung und Selbstzerstörung.

Das Konzept, dass ein Gott Sühne für irgendwas fordert,
geht für mich gar nicht mit dem „liebenden" Gott überein.
Und um es ganz deutlich zu sagen, die zugrunde liegen-
de Idee, dass ein Gott akzeptiert, dass diese Sühne auch
noch **stellvertretend** abgeleistet wird – und das dann
auch noch von einem Familienmitglied, dem eigenen
Sohn, ist schlichtweg idiotisch und pervers!

Uta Ranke-Heinemann dazu: „Eine blutige Erlösung am
Kreuz ist eine heidnische Menschenopferreligion nach re-
ligiösem Steinzeitmuster."[18]

Ich stelle mir eine Gerichtsszene in Schwarz-Weiß vor,
der Angeklagte, Bogart, sagt markig: „Ok. Ich bin schuldig. Ich geh aber nicht auf den elektrischen Stuhl, das
muss jemand anders für mich machen!"
Richter, E.G.Robinson beruhigend: „Alles klar! Ich hab da
einen Sohn ..."

. . . .
18 Nein und Amen, S. 417 und in einem Gastbeitrag auf MAGDA,
dem Magazin der Autoren

13

Der Heilige Gral

Neben dem völlig ungerechtfertigten Vertrauen auf die Bibel und Aussagen von Kirche, Konzilen, „Heiligen" und Theologen vertrauen Gläubige oft auf Dinge oder Sachverhalte, die angeblich beweisen, dass es Gott und ein Jenseits gibt.

Beim Heiligen Gral und der Bundeslade gilt für sie ganz klar: Wenn sie entdeckt würden, gälte es als Beweis dafür, dass die Bibel doch recht hat. So ähnlich wie beim Turiner Grabtuch, bei dem die Kirche sich hartnäckig weigert, eine erneute korrekte Datierung nach der C14 Methode vornehmen zu lassen. Gläubige behaupten, das Bildnis sei auf unerklärlichem Wege, anscheinend durch Strahlung, erzeugt worden, kritische Wissenschaftler erklären chemische Vorgänge oder Zersetzungsvorgänge zur Ursache des Bildes. Es spricht aber einiges dafür, dass das Tuch nicht alt genug ist …

Manch einer behauptet, die Kirche habe so viel Gutes getan oder man sehe das Wirken der Engel an allen Ecken und Enden. Eine Erklärung für das Nichteingreifen Gottes, wenn Menschen um Hilfe beten, ist das beliebte Zitieren der „Freiheit" des Menschen. Na, wozu dann noch Beten, wenn ich als Ukrainer von einem russischen Soldaten erschossen werden soll? Das ist halt seine Freiheit. Dummerweise zieht dieses Scheinargument nicht, denn es gibt ja genug Gebete, die sich nicht auf das Einwirken eines anderen beziehen, sondern auf Krankheiten und Unfälle. Na vielleicht haben ja der Aids-Virus und die gebrochene Sprosse einer Leiter auch ihren eigenen Willen …

Innerhalb eines Jahres, von 2020 bis 2021, „musste" ich mir im Fernsehen drei verschiedene „Dokumentationen" allein nur zu Jesus und seinen Spuren in Jerusalem ansehen, wobei nur eine davon halbwegs distanziert berichtete und zugab, dass das heutige Jerusalem kaum etwas mit dem damaligen zu tun hat, weil es meterhoch über dem Schutt der zerstörten Stadt von damals liegt und kein Bauwerk aus alten Zeiten existiert – also von wegen Spuren! Die anderen zwei Machwerke dagegen flossen über vor Begeisterung und Heiligkeit.

In anderen „Dokumentationen" sucht man immer wieder nach dem heiligen Gral oder der Bundeslade. Ich denke mittlerweile, dass es den Gral – und das Abendmahl – nie gegeben hat. Oh, sicher, der historische Jesus hat aus irgendwas getrunken, aber ich weigere mich, hier etwas dazuzuerfinden, wenn man schon über die Figur Jesus herzlich wenig sagen kann!

Genauso mit der Bundeslade, ja, sie werden wohl eine reich verzierte Kiste, die ihren Glauben symbolisierte, gehabt und möglicherweise bei Scharmützeln vorangetragen haben. Dass aber aus ihr Blitze kamen, halte ich für Blödsinn, für Wunschdenken oder eine Art Behauptung wie: Lass mich lieber in Ruhe, sonst hole ich aus dem Keller den ganz dicken Knüppel!

Erst neulich (11.2021) musste ich so richtig herzhaft lachen, da erklärte ein „Wissenschaftler" in einer sogenannten Wissenschaftssendung allen Ernstes, es sei ja so heiß in Vorderasien – gut möglich, dass sich durch

Sonneneinstrahlung die Kiste so aufgeheizt habe, dass sie Blitze aussandte!

Ein anderer Dummschwätzer fügte hinzu, dass jemand, der die Kiste anfasste, offensichtlich einen „Schlag" bekommen hätte. Es hätte ja sein können, dass da Platten bestimmter Metalle drin waren, die wie eine Batterie wirkten. Dass man dann noch eine Säure benötigt, um Strom fließen zu lassen, war ihm wohl nicht klar. Wie haben die denn damals die Holzkiste säuredicht bekommen? Gut, die „Batterie" hätte in glasierten Tonkrügen stecken und mit Drähten mit der Metallverzierung außen verbunden gewesen sein müssen. Einen Schlag hätte man aber nur erhalten, wenn man beim Anfassen jeweils die zwei richtigen Kontakte erwischt hätte. (Alternative: Sie hatten damals schon einen Van-de-Graaff-Generator, um statische Ladungen zu trennen.)

Und nennenswerte Blitze – die bekommt man dann immer noch nicht hin, Funken ja, vielleicht. Denn wir müssen bedenken, die Kiste war ja immerhin so leicht, dass sie an den Stangen an den vier Ecken getragen werden konnte! Das begrenzt die Größe und Kapazität der Batterie. Richtige Blitze kann man nur mit Hochspannung erzeugen, diese wiederum benötigt gewickelte Transformatoren und Hochspannungselektronik.

All diese TV-Sendungen dokumentieren nur eines: Es besteht ganz offensichtlich ein offizielles Interesse, die Zuschauer zu verdummen. Und es funktioniert: Meine SchülerInnen haben mir oft genug bewiesen, dass sie Fiktion und Realität bei Akte X, bei Aliens, Dämonen, Paracelsus, Illuminati nicht auseinanderhalten können.

14

Fazit

Der Christliche Glaube ist mit dem Sprachgebrauch der Nach-Trump-Ära ein Fake. Mit geradezu atemberaubender Konsequenz und über erstaunlich lange Zeiträume hinweg erzählen die Autoren und die Gläubigen sich Geschichten von einem Gott, den die Israeliten von irgendeiner Wanderung mitgebracht und in ihren Götterhimmel integriert haben, Geschichten, die eigentlich selber schon älter und fremden Ursprungs sind (Schöpfung, Sintflut).

Dann ändert sich die Stellung dieses „Wettergottes", langsam rückt er auf zur Numero Uno und mit dem Empfinden der Menschen, dass weniger mehr ist, wird er plötzlich „eifersüchtig", er will völlig alleine regieren: „Du sollst keine anderen Götter neben mir haben!"

Ein Vorteil: Wenn man nur einen hat, gibt es keinen Streit zwischen den Göttern – und wenn man den EINEN Richtigen hat, braucht man andere Götter, aber auch andere Völker mit fremden Göttern nicht mehr zu fürchten. Eine raffinierte Art des Pfeifens nachts im Wald, des sich selber Mut Machens!

Der Vordere Orient wird weitgehend sesshaft, es kommt zu Territorialstreitigkeiten, König Joshija gibt die Niederschrift der Glaubensgrundlagen in Auftrag – und zwar als Propagandamaterial, also so, dass er als der Größte erscheint, mit eingebautem Recht, auch über das Nachbarreich zu herrschen. Wird dummerweise erschlagen, was aber am Ablauf der gestarteten Propaganda nichts mehr ändert! Die Israeliten sind die Auserwählten, besitzen unüberwindbare Waffen (Bundeslade) und den mächtigsten Gott, ja den einzigen sogar. Schöner Trick!

Nun kommen noch aus dem griechischen Raum die Erfindung der Seele und des Himmelreichs dazu und schließlich das Versprechen Gottes, er werde für die Gläubigen sorgen und ihnen das Ewige Leben schenken.

Die realen politischen Probleme wachsen, die Römer beherrschen das Land, das Leben ist hart und Propheten verkünden immer wieder das Nahen eines Messias, der den Kampf gegen die Römer führen und gewinnen wird.

Dass sie gegen Rom gewinnen würden, können sie nur geglaubt haben mit Blick auf ihren ach so mächtigen Gott! Aus dem gelegentlichen „Pfeifen im Wald" wird anscheinend ein permanentes „sich besoffen Beten"! Geschieht doch nun jahrzehntelang das genaue Gegenteil: Unruhen und Krieg erschüttern das Land, bis sogar Jerusalem zerstört wird.

Mittendrin passiert das Gleiche wie schon Jahrhunderte zuvor: Jahrzehnte nach dem Tod des Jesus von Nazareth bastelt man an seinem Image, seinen Heldentaten und „klugen" Sprüchen. Auch hier ist es nicht nur egal, dass der Endzeitprediger Jesus erfolglos war, sein Scheitern, seine Kreuzigung wird auch noch als gewollt, als „Erlösung" verkauft.

Seitdem wird kleinen Kindern schon eingepaukt, was sie zu glauben haben, und Verfehlungen werden mit dem angedrohten Entzug des ewigen Lebens oder dem Höllenfeuer geahndet.

Dankenswerterweise zeigt die moderne Archäologie, dass an wesentlichen Stellen die Bibel eben nicht recht hat!

Wenn ich dann noch weiß, wie und wann die Welt im Urknall entstanden ist und wie und wann die Evolution des Menschen stattgefunden hat, dass es keine Seele geben kann und im Himmel über uns nur wunderschöne Sterne stehen, dann kann ich und will ich den Sinn MEI-NES Lebens nicht mehr in weltabgewandten versponnenen Lügengeschichten suchen, die schon vor gut 2000 Jahren zu frauenfeindlich und zu körperfeindlich waren, als selbst diesen verflossenen Gesellschaften hätte gut-tun können.

Ich brauche zukünftig weder Gott noch Teufel oder Höl-lenfeuer zu fürchten! God was only a concept, by which I measured my pain!

15

Statt eines Nachwortes

Eigentlich reicht mir ja, um von der Evolution überzeugt zu sein, schon die Existenz des Archaeopteryx. Und gut, dann kommen halt all die anderen aufschlussreichen Fakten noch dazu. Die Evolution ist Tatsache, fertig!

Genauso reicht mir schon, um die Bibel als Dichtkunst zu entlarven, der Titel des Werkes von F/S „Keine Posaunen vor Jericho"!

Gut, nehmen wir noch großzügig den nichtexistenten Moses und seine Flucht aus Ägypten und die Wanderung der Israeliten auf dem Sinai, die Übernahme Kanaans von innen, die Nichtexistenz eines davidisch-salomonischen Großreichs, die Widersprüche und Absurditäten der Evangelien und die historische Entwicklung des Gottesbildes dazu.

Mit diesem Wissen kann man nicht mehr glauben.

Wer sich dennoch dazu bekennt, findet sich mit seiner Sterblichkeit nicht ab oder ist einfach zu gut konditioniert worden – oder beides! Nicht, dass irgendjemand das gern zugeben würde!

Vorsicht übrigens vor selbsternannten Fachleuten, die der Evolutionslehre Denkfehler, Kreisschlüsse oder unmögliche Postulate vorwerfen. Die es z.B. für unwahrscheinlich halten, dass Proteine sich selber so organisieren können, dass Leben, dass DNA entsteht.

Lieber werfen sie gleich alle Vernunft und alle anderen Erkenntnisse weg, um zu „glauben"! Halleluja! Dann mal her mit Wundern, allmächtigen Göttern, Seelen, dem Jenseits, den Heiligen, uralten Riten und der zusammengelogenen Bibel! [19]

Oder lieber doch nicht?

Ein sehr netter Kollege, ein Religionslehrer, lässt sich partout nicht überzeugen, er lehnt einfach die Erkenntnisse der Archäologie ab und hält auch alle anderen Fakten für nebensächlich – wichtig ist nur der Glaube!

Er weiß den Wert wissenschaftlichen Denkens nicht zu schätzen und er will ALLES haben. Wunder, Auferstehung, ewiges Leben UND eine funktionierende Sanitär- und Elektro- Installation. Dabei ist ihm gar nicht klar, dass er damit gezwungen ist zu glauben, dass wir nicht in einer wissenschaftlichen Welt leben, sondern in einer metaphysischen, wo die Gesetze der Mathematik und Physik nicht ehern sind und nicht immer stimmen! Naturgesetze gelten nur so oder so weit, wenn ein allmächtiger Gott am Werke ist.

Wenn es Wunder gibt, Engel, Seelen, wenn Gebete wirken und die Heiligen helfen, ist die Wiederholbarkeit von Experimenten mit gleichem Ergebnis bei gleichen Ausgangsbedingungen nicht zwingend gegeben. Beispiel: Die Wundersame Brotvermehrung, auch Speisung der

· ·

19 Heute (8.5.2022) die Meldung, dass mittlerweile alle DNA-Bausteine in Meteoriten entdeckt worden sind, so dass man davon ausgehen kann, dass die Erde schon früh mit solchen Verbindungen „geimpft" worden ist.

Fünftausend genannt! Fünf Brote und zwei Fische wurden verteilt und Fünftausend wurden satt. Wenn ICH das nun wiederhole und ein Brot für Tausend Menschen aufteile, bleiben von einem Zweikilobrot für jeden nur zwei Gramm.

Heilige jedoch, wunderwirkend, würden das können und für jeden von dem Bauernstuten 100 Gramm oder mehr abschnibbeln!

Nochmal zurück zum fließenden Strom, wie war das denn: $R = U/I$?
Auch hier no go! Es wird dann ja wohl eher so etwas sein wie $R = (U/I) \times \dagger$!

Wozu das Kreuz in der Gleichung? Nun, der Strom fließt ja nur, weil und wenn Gott es so will. Na, dann viel Spaß mit einer chaotischen und völlig unberechenbaren Welt.

Insgeheim natürlich verlässt sich unser Kollege doch darauf, dass das Licht angeht, wenn er morgens den Schalter drückt. Wie ich schon sagte, er will ALLES haben. Die Metaphysik und eine verlässliche materielle Welt, Gott und Schutzengel und Wunder und eine funktionierende WC-Spülung sowie Licht auf Knopfdruck.

Und wenn das Licht nicht geht, betet er nicht, er ruft den Elektriker.

Anhang

Lehrsätze aus den Vatikanischen Konzilen

nach „Der Theologe"
(http://www.theologe.de/theologe18.htm#Quelle_52)

Wer sagt, die Menschenvernunft sei so unabhängig, dass ihr der Glaube nicht von Gott befohlen werden könne, der sei ausgeschlossen.

Wer nicht die ganze kirchliche Überlieferung annimmt, die geschriebene wie die ungeschriebene, der sei ausgeschlossen.

Wer sagt, es sei möglich, dass man den von der Kirche vorgelegten Glaubenssätzen entsprechend dem Fortschritt der Wissenschaft gelegentlich einen anderen Sinn beilegen müsse als den, den die Kirche verstanden hat und versteht, der sei ausgeschlossen.

Wer sagt, die menschlichen Wissenschaften müssten mit solcher Freiheit behandelt werden, dass ihre Behauptungen als wahr festgehalten und von der Kirche nicht verworfen werden könnten, auch wenn sie der geoffenbarten Lehre widersprächen, der sei ausgeschlossen.

Niemand soll es wagen, ... die Heilige Schrift im Vertrauen auf eigene Klugheit nach seinem eigenen Sinn zu drehen, gegen den Sinn, den die heilige Mutter, die Kirche, hielt und hält - ihr steht das Urteil über den wahren Sinn und die Erklärung der heiligen Schriften zu.

Wer nicht alle Bücher der Heiligen Schrift mit allen ihren Teilen, wie sie die Kirchenversammlung von Trient [1545] anführte, als heilige kanonische Schriften anerkennt oder wer leugnet, dass sie von Gott eingegeben sind, der sei ausgeschlossen.

Im Glauben müssen wir festhalten, dass außerhalb der apostolischen, römischen Kirche niemand gerettet werden kann.

Die Kirche ist ... nicht eine Gemeinschaft von Gleichgestellten, in der alle Gläubigen dieselben Rechte besäßen. Sie ist eine Gesellschaft von Ungleichen, und das nicht nur, weil unter den Gläubigen die einen Kleriker und die andern Laien sind, sondern vor allem deshalb, weil es in der Kirche eine von Gott verliehene Vollmacht gibt, die den einen zum Heiligen, Lehren und Leiten gegeben ist, den andern nicht ... So ist es Gegenstand des Glaubens, dass die Kirche Christi eine vollkommene Gesellschaft darstellt.

Dem römischen Papst sich zu unterwerfen, ist für alle Menschen unbedingt zum Heile notwendig.

Wer sagt, der bloße Glaube sei eine hinreichende Vorbereitung auf den Genuss des Sakraments der heiligen Eucharistie, der sei ausgeschlossen.

Wer leugnet, dass im Sakrament der heiligsten Eucharistie wahrhaft, wirklich und wesentlich der Leib und das Blut zugleich mit der Seele und mit der Gottheit unseres Herrn Jesus Christus und folglich der ganze Christus enthalten ist, und behauptet, er sei in ihm nur wie im

Zeichen, im Bild oder in der Wirksamkeit, der sei ausgeschlossen [= ewig verdammt].

Wer sagt, im hochheiligen Sakrament der Eucharistie bleibe die Substanz von Brot und Wein zugleich mit dem Leib und Blut unseres Herrn Jesus Christus bestehen, und wer jene wunderbare und einzigartige Wandlung der ganzen Brotsubstanz in den Leib und der ganzen Weinsubstanz in das Blut leugnet, wobei nur Gestalten von Brot und Wein bleiben - diese Wandlung nennt die Kirche sehr treffend Wesensverwandlung (transsubstantiatio) -, der sei ausgeschlossen

Literatur:

Richard Dawkins
– Der Gotteswahn, 2008
– Die Schöpfungslüge, 2010

Karlheinz Deschner
– Der gefälschte Glaube (1988/2004)
   Eine kritische Betrachtung kirchlicher Lehren und
   ihrer historischen Hintergründe.

Israel Finkelstein, Neil A. Silberman
– Keine Posaunen vor Jericho: Die archäologische
   Wahrheit über die Bibel, 2004

William Golding
– Der Herr der Fliegen, 1954

Werner Harenberg
– JESUS UND DIE KIRCHEN
nachzulesen auf
http://www.spiegel.de/spiegel/print/d-46266230.html

Hobbes
– Leviathan, 1651

Arthur Koestler
– Der Mensch – ein Irrläufer der Evolution, in:
   Der Spiegel 5/1978, S. 162 f.

Neil Postman
– Amusing Ourselves to Death",1985
– The End of Education, 1995.

Rousseau,
– Émile ou de l'éducation, Amsterdam, 1762

Widersprüche innerhalb der Bibel:
http://www.bibelzitate.de/wsidb.html